U0754330

正面管教

好家长

才是

教子有方

潘柳英◎著

台海出版社

图书在版编目(CIP)数据

正面管教 / 潘柳英著. — 北京：台海出版社，
2018.10
ISBN 978-7-5168-2135-0

Ⅰ. ①正… Ⅱ. ①潘… Ⅲ. ①家庭教育 Ⅳ. ①G78

中国版本图书馆 CIP 数据核字(2018)第 225394 号

正面管教

著　　者：潘柳英

责任编辑：员晓博
装帧设计：快乐文化　　　　　　版式设计：通联图文
责任校对：唐思磊　　　　　　　责任印制：蔡　旭

出版发行：台海出版社
地　　址：北京市东城区景山东街 20 号　　邮政编码：100009
电　　话：010-64041652(发行，邮购)
传　　真：010-84045799(总编室)
网　　址：www.taimeng.org.cn/thcbs/default.htm
E－mail：thcbs@126.com

经　　销：全国各地新华书店
印　　刷：北京鑫瑞兴印刷有限公司
本书如有破损、缺页、装订错误，请与本社联系调换

开　　本：640mm×960mm　　　　　1/16
字　　数：170 千字　　　　　　　印　张：14.5
版　　次：2019 年 1 月第 1 版　　　印　次：2019 年 1 月第 1 次印刷
书　　号：ISBN 978-7-5168-2135-0

定　　价：39.80元

前　言

一

　　有一个内向的小女孩,她所住的集市上经常有杂技表演,有一天,她和她的爸爸一起来到集市上,她想要看杂技表演。在拥挤的人群中,她踮着脚,拼命地在人群里寻找空隙,可是那天的人实在太多了,即使她搬来砖头给自己垫高,还是看不到表演,她伤心极了,眼泪不由掉了下来。

　　此时,她的爸爸把她抱了起来,让她骑到自己的脖颈上。

　　小女孩在爸爸的帮助下,看见了精彩的杂技表演,她高兴得手舞足蹈,欢呼起来。

　　杂技表演持续了一个多小时,小女孩沉浸在喜悦里,她几乎忘记了自己还在爸爸的脖颈上。直到散场,身边的一位同看表演的叔叔对她说:"小姑娘,你得谢谢你的爸爸啊! 要不是他,你怎么能乐成这样!"

二

　　那个内向的小女孩,就是我。

　　后来,当我自己也为人母的时候,我仍然记得那一幕。

　　我渐渐明白,家长天生有四个角色必须承担,分别是权威、伙伴、向导、榜样。

每个孩子来到这个世界，都犹如一张崭新的白纸，在他成长的过程中，需要一个令他崇敬、熟悉、有权威的人来指导他、帮助他绘画出人生美丽的图案。当然，如果这个"向导者"对他充满爱与赞赏，态度和蔼可亲，情绪不急不躁，那就更理想了。

孩子的未来、孩子的信仰、孩子的人生观价值观以及对生活和整个世界的态度，最初都是从家长那里获得的。所以，家长抱持什么样的信念和追求，拥有什么样的胸襟和眼界，对孩子的未来至关重要。

如果父母这一角色缺失或做得不好，影响的不仅仅是孩子的成绩、情绪，还会有一些看不见摸不着的影响，等家长发现造成了不良后果时，往往都太晚了。

三

那么，作为父母，我们该如何做一个正面的向导者，让孩子听从并跟随我们的指引，又如何成为孩子心中那个既亲近又崇敬的"向导者"呢？

很多父母选择"强势入驻"，一口一句"我是你妈""我是你爸"，对孩子耳提面命。逐渐地，孩子口服心不服，不但不愿和父母互动，还会变得越来越疏远，至于信赖，更是无从谈起。

于是，孩子渐渐选择在动画片和游戏中逃离现实世界，开启幻想之旅；而父母则又气又急，认为孩子"不长进""学坏了""不听话"，常常感叹"这孩子现在怎么这样"，结果抱怨的话一说出口，伤了孩子的自尊，家长和孩子都很难过。

聪明的家长，会和孩子友好地、正面地沟通，提供更好的建议，也能够设计出和孩子相处的最佳方案，既满足了孩子的需求，又实现了自己对孩子的要求和规范。对待孩子,切莫太强势。

家长可以为孩子提供可行的建议,但不要强求孩子按照自己的规划来生活;家长可以给孩子准备好生活的必备用品,成为孩子避风的港湾,但请不要代替孩子生活,家长要把孩子的未来交到他自己的手里。

四

本书是一本正面管教孩子的"备忘录"手册,我搜集了儿子成长的点滴,分别从成长、生活、教育三个篇章,细化了父母角色的应用和平衡,切实提出了与孩子互动的建议。

在教育孩子的道路上,作为家长,我所犯的错误,其他家长可能也有类似的经历,我的一些方法,也许能对你们起到借鉴作用。总之,我希望,通过阅读本书,成就的不只是优秀的孩子,更是每一个家长的自我成长。

目　录

【成长备忘录】

成长比成功更重要

很多家长都期望自己的孩子读名校,上名牌大学。但是,有很多年轻人,虽然在校成绩优秀,工作之后却总是不顺……这样的问题值得父母深思。

家长应该培养孩子积极的思维、良好的情绪,应该让孩子知道,成长比成功更重要。

【生活备忘录】
自由的孩子最自觉

　　生活中,家长可以试着从监督者和控制者的角色中退出,把信任还给孩子,让孩子获得自我管理的权力,唤起孩子内心的自尊感和责任感。当你给孩子"自由"的时候,他也会回报你"自觉"。

【教育备忘录】
怎么教孩子才肯听，教什么孩子才优秀？

孩子的命运往往取决于父母的教育。

要想把孩子培养成优秀的人，家长先要使自己成为合格的教育者。

成长比成功更重要

　　很多家长都期望自己的孩子读名校,上名牌大学。但是,有很多年轻人,虽然在校成绩优秀,工作之后却总是不顺……这样的问题值得父母深思。

　　家长应该培养孩子积极的思维、良好的情绪。应该让孩子知道,成长比成功更重要。

第一章

做事先做人，价值观比什么都重要

从小教育孩子信守承诺

1

我爷爷年轻的时候，是一位导演。

有一天，他的剧组因为拍摄外景，来到了北方的一个偏僻的乡村，那里常年积雪，气候严寒，人烟稀少。再加上那个年代的交通不发达、物资匮乏等问题，他们吃了不少苦。

一天晚上，剧组的人实在受不了严寒，又对路途不熟，就请当地一位少年代买几瓶酒去去寒气，这位少年翻山越岭，跑了3个多小时，才买回了酒。

因为天太冷，一个晚上酒就喝完了。于是，这位少年自告奋勇，再次替他们去买酒。我爷爷看天气如此寒冷，酒喝得也快，再加上买酒不易,便多给了少年两百块钱,让他多买一些回来。

结果,一个晚上过去了,少年都没有回来。于是很多人猜想,少年肯定拿着钱跑了。那个年代的两百块相当于一笔巨款,有人开始抱怨我爷爷的轻率。

面对各种声音,我爷爷淡淡地说道:"我相信这是个诚实的孩子,他不会骗我们的。"

又等了一天,剧组里的人都说导演这次肯定上当了,乡下孩子哪里见过那么多钱,肯定不会回来了。

爷爷沉默着。

到了第三天,剧组准备离开这个地方了。此时,爷爷心里也有些怀疑,自己是不是真的被那个看上去老实的孩子骗了?

就在大家准备离开之际,那位少年回来了。

他身上脏兮兮的,手里拿着几瓶酒还有一些破碎的玻璃碴。

原来,山脚下的小店,酒不多了,他没买到足够多的酒,便又翻了一座山,去另一个地方买。在回来的路上,由于山路难走,他一不小心摔破了几瓶。于是他只好再次翻山越岭,重新去补足数量。

少年惭愧地对我爷爷说:"对不起,实在不够20瓶酒,打碎的瓶子我也带着,还有剩下的,您给的钱……"

爷爷忍不住一把抱住了少年,剧组里的其他人也深受感动,那些怀疑少年骗钱的人羞愧地低下了头。

我爷爷从小就对我说,诚信是做人的基本准则,是一个人最宝贵的财富。

因此,我也从小教育孩子信守承诺。拥有诚信的品德,才能得到别人的尊重和信任,获得真诚的友谊,未来在事业上,他也会因此能得到更好的支持。

2

受我爷爷的启发，我也给儿子讲了一个关于诚信的故事。

古时候，一位臣子和皇帝在言语上起了冲突，皇帝一怒之下，判了臣子死罪。

臣子宁死不屈，不愿向皇帝低头，他觉得自己没有错。但是，天子定了臣子的罪行，作为臣子的他只能接受。

臣子是一个孝顺的孩子，赴死前只有一个愿望，想见见千里之外的母亲。

皇帝感其孝心，答应给他时间让他跟母亲告别。但皇帝也提了一个条件，他要这个臣子找一个人来代替他坐牢，否则，就不能让他回家与母亲相见。

臣子找来了自己的好友，好友信任他的为人，答应了他的请求。

这是一次冒险的考验，考验的是臣子的为人，相应地，那位好友承担了臣子若是不归，他就会失去性命的风险。

临刑的日子一天天近了，可惜那位臣子还没赶回来，直到行刑那天，臣子仍然没回。好友被押往刑场，围观的人都在笑话他，笑他蠢，怎么能答应如此攸关生死的请求。不过，好友并无惧色，从容上了刑场。

刽子手已经往刀上喷酒了，人们在内心同情无辜的好友，并咒骂出卖朋友的臣子。就在刽子手的刀慢慢举起时，臣子大声高呼着"住手"赶来。

在场的人纷纷拍手欢呼,监刑官看到这种情景也忍不住落泪。之后,监刑官让手下向皇帝传达了信息,皇帝深受触动,赦免了臣子的死罪。

臣子的诚信感动了皇帝,救了自己一命。而在现实生活中,"以诚待人"也能给我们带来好的人际关系,甚至是事业的成功。

3

诚信如此重要,我们该如何应对孩子的说谎行为呢?

当孩子摔碎一个碗,又或者是考试考得不理想的时候,他们可能会因为害怕家长的惩罚,而说出 "碗不是我打碎的""试卷不见了"等谎话。

某一年的六一儿童节,我儿子与他最亲爱的小伙伴亮亮在家门口的空地上玩,两个小朋友用蜡笔在邻居的车上画了一个光头强、一朵大花,还歪歪扭扭地写了"六一快乐"几个大字。

我回家看到儿子的"作品",当时差点气昏过去,而儿子的第一反应是:"妈妈,这不是我画的,是亮亮!"亮亮此时已经回家了。我没说话,只是看着儿子手里捏着的彩色蜡笔。儿子低着头,不敢看我。

回家后,我问儿子:"车上的画到底是谁画的?"

儿子小声说:"妈妈,车上的画其实是我和亮亮一起画的!"

我控制住情绪,平静地说:"那你为什么说是亮亮呢?""因为我怕你打我。"

看到儿子委屈的样子，我决定换一种态度。我耐心地对他说："你和妈妈说真话，妈妈是不会打你的，相反，还会为你的诚实感到骄傲，但以后不要再这样做了好不好？"儿子看着我，坚定地点了点头。

后来，我和老公带着儿子去跟车主道歉，车主看了看车，笑着说："没事，改天做次油漆就好了，今天是孩子们的六一，一年只有一次，难得嘛。"接着，车主又对儿子说："不过，下次不要这样了，你想画画儿就画在纸上，知道了吗？"儿子听到大人这样说，小脑袋抬了起来，点了点头。

面对孩子的说谎行为，家长不应该恶语相加，棍棒教育，而要冷静耐心地应对，区别对待。孩子是很敏感的，他们可能早就意识到了自己的错误，只是无法面对，害怕被惩罚。家长要做的是积极引导，和孩子一起面对糟糕的局面，让孩子知道即使不小心犯了错，但他只要诚实，还是会被原谅的。

父母是孩子的第一任老师，孩子的诚信意识起初必然是从父母那里得来的。所以，要想拥有一个诚信的孩子，父母首先要做到对孩子诚信，说话不可不算数。

有一次，曾子的妻子准备去赶集，可是孩子哭闹不止。曾子的妻子为了安抚孩子，对孩子说，等她回来就杀猪吃。孩子听后，立即就不哭不闹了，安静等待母亲回家。等她从集市回来后，看到曾子准备抓猪宰杀，连忙阻止说："不过是和孩子说着玩的，当不得真。"曾子说："不能和孩子用这种方式闹着玩，孩子什么都不懂，他只知道向父母学，如果你现在哄骗他，那他学到的就是哄骗。所以，这猪必须要杀。"

所以,家长不能轻易失信于孩子,比如,答应孩子考高分就带孩子出去玩,孩子做到了,但家长却因为种种原因爽约了;又如,家长答应孩子等他做完作业就让他玩一会儿游戏,可是,当孩子完成作业后,家长早就把游戏机给扔了……

家长一次次"说话不算数",害处相当大,很容易失去孩子的信任,也会让孩子在这些事中学会"耍赖"和不诚信。

即便是有万不得已的事失信于孩子,也必须跟孩子进行妥善沟通,不要给孩子留下遗憾和阴影。家长在答应孩子的要求时,要认真考虑其要求是否合理,自己是否能做到,与其等到答应后做不到而失信,不如直接拒绝。充分考虑后答复孩子,让孩子意识到,承诺不是敷衍了事,每一个承诺都有千斤重,所以要珍而重之。

无论孩子多么杰出,都要告诉他不要骄傲

1

我儿子的同学米乐是个很有才华的孩子,小学四年级的时候便能写出一篇篇出色的文章,有篇文章还得了学区作文比赛的一等奖,因此,家长圈里都在夸他。米乐异常得意,立志长大后要当作

家，并发誓要当著名作家。

从那以后，米乐成天想入非非，想着自己未来是一位"在文学史上永远闪耀着光芒的大作家"。

在这种情绪的引导下，米乐开始讨厌学习，他认为书上的知识都是别人写的，他要突破这些人，创造出自己的作品。

而且，米乐越来越看不上自己的老师，他对小朋友说："老师都是庸人，在课堂上只会照本宣科，一万句话里找不到一句精彩的格言和奇特的妙语。"

受这种情绪的影响，米乐的成绩一路下滑，五年级的时候，已经跌到班级的二十多名。他的父母对此感到很着急，不知该如何是好。

每个孩子都是需要表扬的，表扬是一种认同和欣赏，孩子听到表扬后，对所做之事的兴致和投入会更多。但称赞也是一门学问，家长对孩子的表扬需要拿捏得当。有时，过分夸奖和肯定孩子，很容易使孩子骄傲，更有甚者，会让孩子变得自高自大、盲目自信，认为自己做什么都是对的，容不得任何人反驳。一旦孩子产生了骄傲自负的心理，家长想再纠正就难了。而无关痛痒的表扬又起不到鼓励的效果。

2

我们可以多给孩子讲名人故事，从名人逸事中学习成长。

近代科学的开创者牛顿，在科学上做出了巨大的贡献。他的三大成就——光的分析、万有引力定律和微积分学，为现代科学的发展做出了巨大的贡献。

当牛顿费尽心血发现"万有引力定律"后，并没有急于发表，而是继续孜孜不倦地深思了数年，研究了数年，埋头于数字计算中，从未对任何人讲过一句。

后来，牛顿的朋友，大天文学家哈雷，也就是彗星的发现者，在证明一个关于行星轨道的规律时遇到了困难，专程登门请教牛顿。牛顿这时才拿出了自己关于计算"万有引力"的书稿给哈雷看。哈雷看后才知道，他所要请教的问题，牛顿早已解决了，心里佩服不已。

又有一天，哈雷到牛顿住的地方拜访他。当谈到有关天文学的学术问题时，牛顿拿出了写好的《自然哲学的数学原理》一文，请哈雷提意见。

哈雷看后，对这一巨著感到非常惊讶，他欣喜地对牛顿说："这真是伟大的论证，伟大的著作！"他再三奉劝牛顿尽快发表这部伟大的著作，以造福于人类。可牛顿并没有听朋友的劝告，而是经过长时间一丝不苟的反复验证和计算，确认正确无误后，才将这篇文章公之于众。

曾经有人问牛顿："你获得成功的秘诀是什么？"牛顿回答说："假如我有一点微小成就的话，没有其他秘诀，唯有勤奋而已。"接着，他补充说，"假如我看得远些，那是因为我站在巨人的肩上。"

我告诉儿子："凡是对人类发展做出巨大贡献的人物，都有谦虚的美德。比如，牛顿每次在科学上获得伟大成就时，从不沾沾自喜。"

3

还有一种情况，是小孩子自尊心太强，忍受不得批评。

我儿子刚上小学时，就很好强，样样都要在人前，听不得一丁点儿批评。

有一次，语文老师说他字写得不工整，同时还点名表扬了班里几个字写得工整的学生。这让儿子一天都不开心，回到家后，依旧愤愤不平。

我安慰他说："不需要样样都要比别人做得好，你要和自己比。从今天开始，你可以练练字，一段时间后，再回过头来看你的字有没有改变。"

听到我的安慰之后，儿子的心情好了一些，也开始尝试练字。不久之后，他就因为写字进步快而得到了老师的表扬。

作为家长，我们不能因为孩子在某方面出色就大肆表扬，助长他的骄傲气焰，也不能因为孩子脸皮薄、自尊心强，就不敢批评他。要学会正确引导和建议，让孩子学会认识自己的不足，学会谦虚，这样孩子才能更好地成长。

尊重他人，才能得到他人的尊重

1

涵涵是我表姐的独生女，平时鲜少有亲密小伙伴。

一天，我儿子放学后去涵涵家送了一个小礼物。送完礼物后，儿子便准备离开了，却发现自己的书包被涵涵给藏了起来。原来，涵涵想让表哥留下来吃饭，但眼见表哥执意要走，只能出此"下策"。

表姐知道真相后，哭笑不得，只能温柔地对涵涵说："涵涵，每个人都不喜欢被强迫，如果我们强迫你去做你不喜欢的事情，你会高兴吗？如果你想让表哥留下来吃饭，可以先问问表哥愿不愿意，如果表哥不愿意，我们不能勉强他。"

涵涵听进了这番话，十分不舍地问我儿子："表哥，能在我们家吃完饭再走吗？"看见涵涵满脸的不舍，儿子不忍心拒绝，就答应了。

现在，大多数家庭都只有一个孩子，父母在不知不觉中就会对孩子产生溺爱，尤其是家里的老人，一切都是孩子说了算。日积月累，孩子就会认为别人都应该听他的，变得霸道，不懂尊重别人，这会让他人认为这个孩子没有教养。

尊重他人是孩子必须具备的一种品德，只有懂得尊重他人，才可能正视他人的意见，成为一个有教养的人。不懂得尊重他人的孩子，长大后很可能会与社会疏离。

2

我有个朋友是企业高管，她经常在小区里碰到一位收废品的阿姨，每次她都会微笑着跟阿姨打招呼。每一次收废品的阿姨都会受宠若惊，她被别人忽视是常态，突然有一个人微笑着跟自己打招呼，这让她深受触动。

朋友的孩子问妈妈："妈妈，为什么其他人都不理这位收废品的阿姨呢？"

朋友说："大概是因为他们觉得阿姨的职业太卑微了吧。"

孩子问："什么是卑微呢？"

妈妈想了想，觉得自己的话对孩子有点深奥，就换了个说法："就是觉得，他们和阿姨不是一样的人。"

孩子接着问："那妈妈和阿姨打招呼，妈妈认为自己和阿姨是一样的人吗？"

"是的，我们都是平等的。这位阿姨收废品是在工作，妈妈在办公室也是在工作。职业没有高低贵贱之分，我们都在工作，所以我们是平等的。"妈妈接着说，"即使我们看似比阿姨要光鲜亮丽，我们的条件比她优越，但我们也要尊重她，不能瞧不起她；如果我们的条件比她差，我们要学会尊重自己，不能瞧不起自己。你明白吗？"

孩子点了点头。

人是平等的，职位身份不能成为判定一个人可不可交以及道德品质的依据,不应该戴着有色眼镜看人。

梁启超在《敬业与乐业》里写道:"当大总统是一件事,拉黄包车也是一件事。凡职业没有不是神圣的,凡职业也没有不是可敬的。"

家长要教导孩子尊重每个人,告诉孩子,人和人没有高低贵贱之分,学会尊重每一份职业。

3

曾经有一个小男孩坐了一次大巴后,觉得开汽车的叔叔很神气,回家就对他妈妈说:"我长大了也要当司机。"结果妈妈把他一顿骂:"真没出息,当什么司机啊!"小男孩迷惑不解。

人和人的尊重是体现在日常生活中的,家长不应该给孩子灌输太多外在条件优劣的评判。诸如服务员、清洁工、司机……这些成为世俗意义上"见不得人"的职业,似乎从事这些职业的人都"低人一等"。

这样的心理是不健康的。尊重是一种心态,家长应该教导孩子人人平等,要尊重每一个人。怀抱着这种心态成长的孩子,内心自然稳定平和,不会处处都要和别人分个高下。

尊重,要从日常生活的点滴做起。孩子见到长辈时用尊称,是尊重的体现;孩子在饭桌上跟长辈交流时说话有分寸,是尊重的体现;在饭店里,即便服务员有服务不周的地方,也不大声训斥,这也是尊重的体现……

尊重,应该成为一种习惯,父母要善于利用生活中的点滴小事，教导孩子尊重每个人，尊重每个人的劳动成果。尊人者，人尊之。只有尊重自己的交往对象，交往对象才会尊重你，在互相尊重的气氛下，交往才能顺利进行。所以，人与人之间的交往，都应建立在真诚与尊重的基础上。

人之初，性本善

1

放学时间，我去接孩子，在校园门口遇到了儿子同学果果的爸爸。我两看见果果和我儿子，立马迎了上去，却发现果果脸上一副委屈的表情。

果果爸拉过果果，发现果果的胳膊肘擦伤了一块皮肤，怪不得果果一副伤心欲哭的样子，原来是受了伤。果果爸连忙把果果带到学校的卫生室，问："你怎么受的伤呀？"果果犹豫了一下，回答："我走路时，不小心摔在地上，磕破了。"

这时，儿子突然说："叔叔，果果的胳膊是被乐乐弄伤的，我看到了。"

"是吗？"果果爸爸将信将疑，问女儿，"到底是自己摔的，还是别人弄伤的？"

果果看了看已经上药的擦伤，笑了笑说："爸爸，我说了你可不要生气。"

15

果果爸说："我不生气,你要对爸爸说实话。"

果果说："是乐乐把我推在地上擦破的,但乐乐不是故意的,他只是跑得太快,不小心撞了我。"

如今的孩子大都成长于优越的环境,未尝过疾苦,也无法了解他人的伤痛。很多人因此就给90后、00后贴上了"冷漠""自私"的标签,认为他们不会爱人,不会关心人。所以,家长应该多注重孩子良好情感的形成。

2

果果的善良让我这个做妈妈的也很感动,利用这个事件,晚上的时候,我给儿子讲了一个名人的故事。

1911年的诺贝尔和平奖获得者——阿尔弗雷德·赫尔曼·弗里德,是奥地利的一名记者。

少年时代,为了帮助父母减轻一点负担,小小年纪的阿尔弗雷德便在学校门口摆了书摊。

有一天,已经接近傍晚了,小阿尔弗雷德麻利地收拾东西,准备回家吃晚饭。这时,有4个和他差不多大的孩子冲上来围住他,其中一个孩子厉声问道:"你的钱呢?钱在哪里?快点给我们!"

4个孩子在他身上乱搜,他又气又急,慌乱中,他忽然看见街对面有一个警察,就大喊了一声:"警察来了!"那4个孩子一看,立刻放开他跑了。可是,其中有一个孩子比较小,跑得慢,所以被小阿尔弗雷德一把抓住了。

警察过来,看着凌乱的书摊和两个孩子,严肃地问道:"这里发生了什么事？你们两个在做什么？"小阿尔弗雷德看了看旁边那个孩子，说："他想……他想租书看，可是我要收摊回家吃晚饭了，他在帮我收拾摊子。"警察见没有发生什么事情，便微笑着走开了。

小阿尔弗雷德拉了拉那个孩子的手，说："来，快点帮我收拾东西。"

那个孩子很意外，他迷惑不解地问小阿尔弗雷德："刚才你为什么不告诉警察？"

小阿尔弗雷德没有回答，而是反问那个孩子："你们为什么要来抢我的钱？"

孩子低了下头，不好意思地说："我们几个是住在一条街上的朋友，我们的父母都没了工作，家里经常没吃的，没办法，我们只能出来要饭。但这两天，我们在街上也没要到吃的，大家都饿坏了，实在没办法，看到你年纪和我们差不多，就想……"

"就因为我看你们的衣服很破旧，所以，我知道你们抢钱肯定也是迫不得已，我也是穷人家的孩子，所以我才没有告诉警察。"小阿尔弗雷德诚恳地说。

我告诉儿子，善良是人的天性，小阿尔弗雷德没有因为其他孩子的恶意冒犯而失掉自己的爱心，反而用自己的善行感化了几个迷途的孩子，这种以德报怨的善行值得大家学习。

3

当下，很多家长都很重视培养孩子的学习能力，关心孩子的身心健康，却忽视了对孩子"共情能力"的培养。

何为"共情能力"呢？即设身处地地体验他人处境,从而感受和理解他人情感的能力。这里的情感,有积极的,也有消极的。

培养一个有"共情能力"的孩子,懂得关心他人,能够了解和感受他人的苦难,而且乐意以自身之力去帮助他人,是一个家庭乃至整个社会的幸运。

所以,家长要把善良的种子撒在孩子们的心中,让他们学会爱父母、爱家人、爱同学,哪怕是一个陌生人,当他有求于你时,也要多一分耐心和关注。

那么,家长该如何培养孩子的善良呢？

首先,父母相爱是给孩子最好的礼物。父母彼此相爱互助,整个家庭充满温暖,被爱包裹长大的孩子,性情会更温和,自然有爱善良。

其次,善良可以言传身教。每个孩子心里都有一颗善意的种子,父母要引导孩子关心身边人,多替他人着想。如果孩子总是看到父母关心他人,他就会在不经意间学习关心他人的方式,学会照顾他人。

父母也可以在某些特定的场合下告知孩子,善良是一种选择,不管何时何地何种情景,都不要走上恶意的路途。所有人都喜欢善良的人,而善良的人,也会收获如童话故事中那般美好的结局,和所爱的人幸福地生活在一起。

当孩子学会了感恩，就懂得了生活

1

我有一个朋友，曾是一个富商，在他事业做得风生水起的时候，他同时资助了5个孩子。

后来，天有不测风云，朋友的公司遇到了财务危机，濒临破产。

朋友急得几乎一夜白头，此时的他已自顾不暇，更别提资助那5个孩子了。就这样，那5个孩子失去了资助，生活又陷入了窘迫。

孩子们不知道那位好心人士遭遇了什么，他们非常渴求幸运再一次降临到自己身上。

再后来，朋友的公司终于走出了困境，他又继续开始资助之前那5个孩子中的一个。

我们都以为他是因为能力有限才选择这么做，心想这也是人之常情。

直到有一天，朋友对我说："你有没有想过我为什么会再次资助他，而没有资助其他4个孩子？在我事业跌入谷底的时候，我以为自己会就此失败，可我收到了那个孩子的来电，他在电话里说：'好心的先生，您好，我不知道您是因为什么原因不能再继续资助我们，但是我还是很感谢您这些年来对我的帮助……'"

"后来，我又重新打起精神，事业也在我不断地努力下起死回生，所以，当我又有能力的时候，我决定继续资助那个孩子，至于其他孩子,我只能说感到很抱歉,因为我不能再帮助那些永远不知道感恩,而只知道一味索取的人。"

当你被善意拥抱拯救时,要记得回报以善意。

2

感恩是生活中的大智慧,也是一种处世哲学。然而遗憾的是,当前,感恩情怀对一些人来说,已经变成了一种陌生的感觉。成人如此,孩子更是如此,不经意间,我们的孩子已经逐渐丧失了感恩的心态,甚至不知道什么事需要感恩,应该如何去感恩,这一点值得家长们深思。

曾经,有一个穷苦学生为了赚取学费,挨家挨户推销产品。辛苦了一整天,却一件也没有推销出去。夜幕降临,他走在热闹喧嚣的街道上,肚子饿得"咕咕"叫,但他身无分文。他落寞地走到一处空地,坐了下来,抱着膝盖,想熬过这一夜。后来,人群消散,街道越来越安静,这时,来了一个女孩儿,女孩儿看他如此落魄低沉,好像一个犯错的孩子,便把手里的零食都给了他。

他忙不迭地拒绝,女孩儿说:"看你的样子一定很饿,收下吧。"被女孩儿一眼看穿,他有些窘迫地说道:"那我给你钱!"

女孩儿却说:"不用,希望这些零食可以给你满满的能量,生活还是很美好的。"

女孩儿的话温暖了他的心。吃完女孩儿给的零食后,他有了不少力气,也有了向前的信心。

数年后，女孩儿病情危急，当地医生都束手无策，家人只好将她送进了大城市的医院。

此刻，多年前街头那个落魄的穷小子已经成了小有名气的医生，他在医院一眼认出她就是当年那个给了他勇气和力量的女孩儿。

经过一番诊断，他下定决心要尽最大的努力来挽救她的生命。经过漫长的治疗，女孩儿战胜了病魔，迎来了新生。

女孩儿的这场病花了不少钱，当医院的账单送到女孩儿手中时，她不敢看，害怕自己无力偿还。过了许久，她打开账单，账单上写了一句话："一堆零食，足以付清全部的医药费！"

3

我平时会陪孩子看《动物世界》和一些其他的纪录片，并和他讲述《动物世界》里的生存之艰、纪录片里真实的穷苦生活。当儿子看到种种残酷的生活场面，再和自己的生活一对比，他就知道当下的幸福来之不易，就会懂得珍惜和感恩。

同时，我平时也会整理一些孩子的衣物、玩具、书本等，跟他说："妈妈帮你把这些捐赠给需要帮助的人。"几次后，他会自动自觉地动手整理，参加这种社区活动。

很多父母都过度溺爱和保护孩子，把孩子捧在手心，为孩子准备好一切。当孩子学习的时候，他们就努力为孩子制造空间，除了学习之外的事，什么都不让孩子碰。殊不知，父母的这一做法，无形之中扼杀了孩子的感恩之心。让孩子只知道一味索取，而不懂付出。

在日常生活中，妈妈应该时刻创造条件启发孩子学会用感激、感恩的心态去面对自己的付出，让孩子先从感恩妈妈开始。比如，让孩子知道妈妈为自己做事后要说谢谢等，通过这种小事情、小情感，让孩子熟悉这种感恩的状态，并最终知道如何表达自己的感恩。

作家谢尔·希尔弗斯讲过一个"爱心树"的故事。

从前，有一棵大树"喜欢"上了一个男孩，这个男孩也很"喜欢"这棵大树。男孩每天都会跑到大树下，用树枝和树叶编"王冠"，爬到树上荡秋千、吃果实，和大树玩捉迷藏的游戏，累了，就在树荫下睡一觉。

渐渐地，小男孩长大了，他不再经常跟大树玩了，大树感到一丝丝孤寂。

一天，男孩终于来看大树了，大树非常高兴，对男孩说："快来吧，孩子，在树枝上荡荡秋千，吃几个果子，再到阴凉处睡一觉。"

男孩却说："我已经长大了，不再爱玩这些游戏了，我想买好吃好玩的东西，我需要一些钱，你能给我吗？"

大树对男孩说："我没有钱，只有树叶和果实，你把它们拿到城里去卖吧，这样你就会有钱了。"

于是，男孩爬上大树，摘下树上的叶子和果实，拿到城里去卖。大树看到自己能帮到男孩，感觉很满足。

过了很久，男孩都没有来看望大树，大树很难过。

有一天，男孩终于又来了，大树高兴地扭起了树干，对男孩说："快来吧，爬到我的树干上荡秋千！"

"我很忙，没有时间爬树。"男孩说，"我需要一个妻子，还要生好多孩子，我要一幢保暖的房子，你能给我一幢房子吗？"

大树没有房子，但它却对男孩说："你可以把我的树枝砍下，拿去盖房子。"于是，男孩把树枝都砍了下来，盖了一幢房子。大树很快乐。

此后，男孩又有很长一段时间没来看望大树。

当他终于又来时，大树高兴得话都说不出来了，它哑着嗓子说："来吧，孩子，和我玩吧！"

"我已经长大了，而且现在心情不好，实在没心情玩。"男孩说，"我需要一条船，驾着它到远方，你能给我一条船吗？"

大树让孩子砍下了自己仅有的树干，男孩用它做了一条船，驶向远方。大树为又一次满足了男孩的愿望而感到高兴。

又过了很久，男孩又来了，对大树说："我现在需要的实在不多，只是想找个安静的地方坐坐，休息一下，我太累了。"

大树说："非常抱歉，孩子，我现在只是个老树墩，实在没有什么东西可以给你了，不过，我还是非常希望能为你做些什么，真是抱歉。来吧，孩子，坐到我身上休息吧。"

大树说完，使劲地挺高自己的身体，依旧一副很幸福的样子。

谢尔·希尔弗斯坦用他的文字，给我们讲述了一个关于索取和奉献的感人故事。故事中，大树便是母亲的化身，对孩子一无所求，却把自己的一切都奉献给了孩子。

故事中的大树"妈妈"所做的一切都非常感人，但如果她除了爱，还有智慧，就应当教会男孩去理解"爱"，感谢"爱"，回报"爱"。这样的爱才是我们所倡导的正面的家教观。

孩子的好品质、好行为是不断培养出来的。要让孩子从细微处入手，从小事做起。人都是在经历中懂事成长，如果只是简单浅显地对孩子说，要孝敬父母长辈，要感恩，他们根本无法理解。所以，父母要适时给孩子制造机会，比如，至少在他们主动提出要帮忙做家务时不要拒绝。偶尔让孩子做一些家务，让他们体会父母的不易，他们才更容易生发感恩之心。

把爱的机会还给孩子

1

相信父母们大都听过这么一个故事，大意是母亲总是把好吃的留给孩子，吃鱼总是把鱼肚给孩子吃，自己吃鱼头，还对孩子说鱼头好吃，自己喜欢吃。后来，孩子一直以为母亲只喜欢吃鱼头。

这个故事本意在歌颂母爱的伟大，但如今换个角度来看，却会有不一样的体会。

有好吃的东西，为什么不要求孩子留给父母？为什么不告诉孩子，这个爸爸妈妈也很喜欢吃？

爱人的能力并非与生俱来，除了要教孩子爱护动物、爱护生命之外，也要教会他怎么样来爱人！

2

一个女孩正在家里写作业,爸爸下班回来了,孩子马上倒了一杯茶,递到爸爸面前:"爸爸,请喝茶!"

谁知,爸爸冷冰冰地说:"去去去,写作业去,别趁机跑出来玩儿!谁用你倒茶,多看点书,比什么都强!"

一个男孩看到生病的妈妈在厨房做饭很辛苦,便走进厨房说:"妈,我帮你干吧!"

妈妈马上挥挥手说:"不用你,把你的书念好,就是关心你妈了!"

就这样,孩子心中刚刚萌发起来的爱的火焰一次又一次被父母无情地扑灭。渐渐地,孩子明白了,父母所要求的就是他考高分、上重点学校,别的什么都不需要。然而,这不是所有孩子都能达到的目标啊!于是,许许多多孩子变得心灰意冷、玩世不恭,不再关心别人,也不懂得爱别人。

父母这样的行事态度,只会"累坏"自己,"闲坏"孩子,久而久之,孩子就会认为,这些是父母应该做的。

智慧的父母,懂得在孩子面前示弱,这是在给孩子表达爱的机会。别总把自己看成高山,视孩子为小草,让孩子靠着你、仰视你、惧怕你;更不要当大伞,视孩子为小鸡,为孩子遮风挡雨,让孩子弱不禁风。

3

　　我带儿子去一个小朋友家做客,家长端上来一盘水果,小朋友首先拿了一个大的给我儿子送了过去, 我夸他是个好孩子。谁知道,当我儿子真的张口咬苹果时,那个小朋友便开始又哭又闹,我很纳闷这是怎么一回事?

　　后来,小朋友的妈妈告诉我说,她经常给孩子讲《孔融让梨》的故事,并要求孩子向孔融学习。每次吃东西时,家人都让孩子把好的东西先拿给别人,但是,当孩子做到后,她又心疼孩子,所以只是把东西接下来做做样子,然后又还给孩子,这样,最好的东西又回到了孩子手中……

　　我哭笑不得,想想我们小时候也遇到过这样的事情。
　　"把你的冰糕给这个阿姨咬一口好不好?"
　　如果我说不好,必然会被认为没教,不懂礼貌。如果我同意了,对方就做出一种"啊——呜"的样子,假装"咬"了一口,然后高兴走开。渐渐地,我明白了,对方只是在演戏,根本不是真的要吃我的东西。

　　然而,这种演戏,其实是在剥夺孩子表达爱的机会。在这样的教育下,孩子怎能养成关心别人的良好品质呢?怎能有一颗感恩的心呢?
　　给孩子表达爱的机会不只是做做样子、演演戏,大人们要真的接受孩子给予的爱,让他们知道不仅要享受爱,更要学会表达自己的爱。

很多母亲生病难受的时候，总是说："妈妈没事，宝宝乖。"这样孩子就永远不知道，妈妈这样的时候，他要怎么做。

如果母亲说："妈妈不舒服，你可以替我拍拍背吗？"孩子一定会听话地替母亲拍背。"妈妈现在感觉好多了，你可以替妈妈倒杯水吗？"孩子也会很乖地去倒水。这样以后，谁出现不舒服的情况，他都会知道，首先要安抚，其次要去倒水，等等。

这是在教孩子"爱"！

卢梭这样告诫世人："人生中最危险的一段时间是从出生到12岁，在这段时间中还不采取摧毁种种错误和恶习的手段的话，它们就会发芽滋长，及至以后采取手段去改的时候，它们已经是扎下了深根，以致永远也拔不掉了。"

请从现在开始，把表达爱的机会还给孩子，让孩子学会爱别人，关心别人。

第二章

耐力比起点更重要,幸福比完美更重要

有些弯路,必须要孩子自己走

1

有能力的父母,确实能让孩子少走弯路。但无论多么伟大的父母,都要知道:有些弯路,必须要孩子自己走。

暑假最后一天的晚上,睡觉之前,我提醒儿子了好几遍,要他自己调好闹钟,以免上学的第一天迟到。

他满口答应。我又强调一次说:"妈妈明天不会叫你,你要自己起床啊!"

早晨,闹钟还有几分钟才响,我决定不管他,让他自己醒来。

可闹钟一响,儿子就把闹钟关了。我知道,他还想着等我来叫

他起床。

这次,我狠下心,就是不叫他。等他再次醒来,已经快到上课的时间了,果不其然,那天他迟到了。事后,他很生气,怪我没有叫他起床。

我说:"我早就告诉过你,我要做早饭,还要拖地,送你上学后还要去上班,妈妈也有自己的事情,你答应我自己设闹钟的,怎么说话不算话呢?"

儿子没有话可以反驳我,我接着说:"儿子,你不能总是靠妈妈,妈妈有妈妈的事情要处理,不可能永远守在你身边,你要学会自己解决生活中的小问题,做错事后要学会自己反省自己的错误!"

从此以后,儿子就学会了自己听闹钟起床,很少再犯同样的错误。

还有一次,儿子在商场里看中了一辆小跑车,他非常喜欢,吵着要我给他买下来。他爸爸看了看那辆小车后,对儿子说:"家里已经买过好多辆差不多的车了,而且这辆车质地不好,很容易摔坏,我们再看看别的玩具好不好?"

儿子不听,执意要买。我想了想,对他说:"我可以答应给你买,但你要答应我,买了这辆车后,两个月之内不许买别的玩具,否则我就不给你买。"

儿子看了看那辆酷炫的跑车,高兴地答应了。但买了之后,他发现这辆车确实没那么好玩,跑不远,需要手动推。看着别的小伙伴的玩具,儿子一点儿都不高兴。

这时,我对他说:"儿子,别为已经做过的选择而后悔。现在,你需要做的是吸取这次失败的教训,学会自我反省,下次不要再做同样的选择。"

后来,他爸爸帮他把小跑车挂到了自己房间的墙上,让它时刻提醒自己,要学会为自己的选择负责。

孩子年龄小,自制力差,容易在冲动的情况下做出不计后果的事情。因此,父母应该适当地让孩子承担事情的后果,让孩子进行自我反省。只有让孩子意识到自己所做事情会产生不好的后果,他才会努力克制自己的行为。

2

一个不懂得自我反省的孩子,永远不会发现自己的过错与不足,这会为他的成长平添许多障碍与烦恼。只有学会内省,才能做到"扬长避短",获得良好的进步和发展,成为一个自信、自立、自律的人。只有这样的人,才能顺利地越过成长过程中的障碍,抵达成功的彼岸。

绝大部分孩子应该都听过司马光砸缸的故事,都知道他是北宋著名的政治家和史学家,从小就非常聪颖。其实,司马光还有很多其他的故事,适合讲给孩子们听,比如关于司马光学会反省的故事。

有一天,小司马光路过厨房时,一股香味迎面扑来,走进厨房一看,原来仆人正忙着做司马光最爱吃的八宝饭。司马光一见,立即吵着要吃。可是八宝饭还没有做好,一个机灵的仆人笑着逗司马光说:"看到这些青核桃仁了吗?等你把核桃仁上的这层青皮都剥掉，就可以吃到香喷喷的八宝饭了！"

司马光一听高兴地说："这好办，你们等着，我很快就可以完成！"说完，他就跑出厨房，坐在院子里，认真地剥起核桃仁来。但没想到，这层青皮虽然很薄，但想剥下来却并不容易。

一开始，司马光用指甲一点点地剥，可剥了半天，不但没有剥出几个，反而捏碎了不少。就在小司马光急得抓耳挠腮的时候，一个丫鬟走了过来，悄悄告诉他："公子，把核桃仁放进开水里泡一下，就容易剥了。"司马光试了一下，果然很灵，没一会儿工夫就把一大盆核桃仁都剥了出来。

看着白嫩嫩的核桃仁，司马光高兴极了，急忙拿去给姐姐看。姐姐惊奇地问："这都是你自己剥的吗？"司马光本来想说这是丫鬟教他的，可又怕丢面子，就说："当然了。"

司马光话音刚落，父亲就从旁边走过来，非常严肃地说："我刚才明明看到是丫鬟教你剥的，你怎么说是你自己呢？"母亲也走过来说："是别人教你的就是别人教你的，来不得半点虚假，怎么可以撒谎呢？你应该好好地反省一下自己。"

那天晚上，司马光一直在房间里认真地反思自己。从那以后，他每隔一段时间就会进行自我反省，看看自己哪些事情做得对，哪些事情做得不对，并在遇到问题的时候虚心向别人请教。

3

孩子犯错时，父母不要过多苛责，这样容易引起孩子的反感和逆反情绪。父母可采用冷静的态度，从侧面引导孩子进行自我反省，认识自己所犯的过失，从而帮助孩子形成正确的是非观念。

法国牧师纳德·兰塞姆去世后,安葬在圣保罗大教堂,墓碑上工工整整地刻着他的手迹:"假如时光可以倒流,世界上将有一半的人可以成为伟人。"一位智者在解读兰塞姆手迹时说:"如果每个人都能把反省提前几十年,便有50%的人可能让自己成为一名了不起的人。"他们的话,道出了反省之于人生的意义。

既然自我反省如此重要,家长不妨在每天结束时,让孩子好好问问自己以下几个问题:

今天我到底学到了些什么?

我有什么改进吗?

我是否对自己所做的一切感到满意?

真诚地反思自己提出的这些问题就是反省,其目的就是让孩子不断地突破自我的局限,省察自己,开创成功的人生。

勇气,孩子成长的活水之源

1

勇气是一个人成功的必备素质,是孩子主动进取的动力,是孩子成长的活水之源,是孩子不可或缺的性格优势。因此,父母一定要重视孩子勇敢性格的培养。

我先生是一个医生，他对儿子的教育有时候让我很吃惊。

一天，儿子放学回家拿出一张画给我看，并问我："妈妈，你看这幅画像不像我？"我一看，吓了一跳，孩子拿着的画上画着一副骷髅。

"你为什么画这个？"我问。

"爸爸让画的。"儿子说。

我去问先生："你干吗让孩子画这样可怕的东西？"

先生说："这是美国的'勇敢课'方法，美国的小学很重视对孩子勇气的培养，就是想让孩子对自己的身体进行了解，在让孩子学习知识的同时，也让他们从小就明白这些东西不可怕，是每个人身上都有的，我又是个医生，当然要告诉他这世界上人是什么做的。"

我虽然觉得不舒服，但也没多说什么。

后来，有一天晚上电影散场，在回家的路上，我问儿子："天这么黑，怕不怕鬼？"

儿子用很专业的口气告诉我："妈妈，世界上根本没有鬼，人死了只会留下尸骨！"

培养孩子勇敢性格的教育不能只靠口头说教，家长在孩子小时候经常吓唬孩子，孩子一闹家长就会说："老虎来了，不听话就把你丢到外面，让老虎把你吃了。"一听这话，胆小的孩子立即就被镇住了。这样一来，孩子是变得听话了，但同时也被家长吓得胆小了，对于那些常识性的东西也越来越害怕，不敢去面对。这也是为什么现在有不少孩子不敢一个人睡觉，不敢独自走夜路，甚至不敢到一个没有电灯的屋子里取东西的原因。

2

　　我有个朋友,女儿胆子很小,6岁了, 连小区的秋千都不敢玩儿,总是要妈妈保护。

　　后来,朋友就经常给女儿说一些寓言故事和童话故事。其中,有一个故事是这样的:

　　森林里有一只非常胆小怯懦的刺猬,它不敢单独出去,整天跟在妈妈身后,不敢离开妈妈半步。可是有一天,妈妈身体不适,小刺猬十分饿,没办法,只能自己出去找吃的。

　　这只小刺猬走在路上,总感觉有危险在靠近它,森林里一切都让它觉得恐惧。它静静地走着,突然听到了一些声响,心里越想越怕,吓得飞跑,边跑边喊道:"救命啊,有狮子! "

　　树上的金丝雀冲他打招呼说:"我是金丝雀,不是狮子,别害怕。"小刺猬悠悠地探出头,仔细一看,果然不是狮子,它羞得无脸面对金丝雀。

　　小刺猬继续在森林中觅食,结果没走多远,就遇到了真正的狮子。狮子恶狠狠地看着小刺猬,一步步逼近,想把它吃掉,小刺猬吓得缩成了一团。

　　这时,狮子却因为小刺猬一身刺无从下口,便趴在地上,等着小刺猬把身体展开,等着等着,它居然哈欠连天,打起了瞌睡。

　　小刺猬看着前方的狮子,不知如何是好,想到等着自己回家的妈妈,小刺猬决定壮起胆子与狮子对抗。它把身体缩成一团,准备从狮子身边滚过去,结果一不小心把狮子刺醒了。狮子一下来了精神,对着小刺猬怒吼,小刺猬越害怕,刺就越尖锐,狮子没办法,只能泄气地离开。

摆脱狮子后,小刺猬继续上路寻找食物,到了晚上,它采了许多果子带回家,并把遇到狮子的事情告诉了妈妈。妈妈高兴地对它说:"你真是个勇敢的孩子,你连狮子都能打败。"

说完这个故事后,朋友告诉女儿说:"你看,小刺猬原本那么胆小,但是经过那次对抗狮子之后,它的胆子大了不少。其实,外面的世界没有你想象得那么危险,而且外面的世界很精彩,值得你为之冒险!比如,这个秋千,你要不要上去玩一下呢?"

渐渐地,朋友的女儿胆子也大了起来。

3

奥巴马对女儿说:"在你生命的任何阶段,都有可能产生自我怀疑的消极状态。每当你觉得自己很脆弱的时候,这些消极的念头就会在你心中涌现出来。但是,孩子,我想说的是,我们每个人身上都是带有能量的,只不过有的人身上带的是积极向上的正能量,而有的人身上带的是消极的负能量。我们的意念力来自我们内在的能量场,所以,我们要减少消极因素,保持心态的平和,这样才能给自己的人生增加正能量。"

对孩子的勇敢教育,要贯穿在日常生活中,指导孩子克服胆怯、懦弱和紧张,使孩子在真实的生活事件中得到锻炼和考验,让他拥有一颗勇敢的心,在人生之路上大胆地迈步向前。

具体可以参考以下几点:

(1)父母可以带孩子多看一些英雄故事。勇敢是英雄的标签,面对危险,勇于面对,不退缩,哪怕牺牲自己也在所不惜,做一个无私奉献的人,人人都能够成为英雄。

(2)通过各种活动锤炼孩子的勇敢性格。比如,夏天可带孩子一起去游泳;冬天可以和孩子一起去滑雪;在儿童乐园里,父母可以和孩子一起玩体力游戏,如滑滑梯、爬攀登架等。这些活动都深受孩子们的喜爱,能让他们在快乐中锻炼勇敢的性格。

(3)想要孩子勇敢,父母也不能胆小怕事,父母在孩子面前应该是一个勇敢的"超人"。

父母是孩子最亲近、最依赖、最信任的人,父母对孩子的影响潜移默化,同时又巨大深远。家中有客人时,指导孩子一起主动问候招待;学校的团队活动,父母要支持孩子积极参与;课堂学习,父母要鼓励孩子积极发言。让孩子在一个良好的环境下成长,更容易形成勇敢的性格。

任性的孩子怎么教?

1

美国著名心理学家、人际关系学家戴尔·卡耐基说:"在我们生命中的每一天,每个人首先面临的就是情绪管理。因此,我毫不犹豫地将情绪管理称为整个人生的第一管理。"

有一天早晨，我和老公、儿子一起围坐在桌子前吃早饭，儿子起身时不小心打翻了牛奶杯，弄脏了老公的外套，这件外套是我上个月才给他买的，价值不菲，而且还不能水洗，必须送去干洗。我顿时火了，大喊道："多大的人了，还这样毛毛躁躁的！"儿子不服气地说："我又不是故意的！"

"你还顶嘴？如果你是故意的，那真是无法无天了！"我在他身上拍了一下，也不是很重，不料他"哇"的一声就哭开了。

丈夫皱了皱眉头说："算了，你也不对，你把牛奶杯放得离桌子边沿太近了。"

"我不对？有本事你们自己弄早饭……"我的气一下转移到了他身上。老公没多说什么，进卧室换了件衣服，一来二去花了一刻钟时间，然后他对儿子说："安安别哭啦，下次小心点就是了，妈妈今天心情不好，不是存心对你发火的，今天爸爸送你去上学，来，我们走。"

儿子乖乖地跟他爸爸出了门，出门前，还回头白了我一眼，做了个鬼脸："妈妈，你生气的样子真丑！"

我怔在那里，陷入了沉思。

是啊，我为什么要生这么大的气呢？本来就是一件很小的事情，我又何必弄得全家一早都没好心情呢？

2

人都有七情六欲，情绪的控制对成人来说尚且不易，对孩子来说就更难了。

老公跟我说过他小时候的事情，许多幼时经历的事情已经忘记了，但在他9岁那年发生的一件事情却一直记忆犹新。

那一年的一个周末，他和朋友约好去郊外远足，但父母却说什么也不同意他去。他感到十分愤怒，就跑回自己的房间，捏紧拳头在墙壁上猛击。他一边哭一边打，双拳打得血肉模糊都没感觉到，任何人劝说他都听不下去。最后，他的父亲气得揍了他一顿。

后来，他母亲一声不吭地进来给他涂止疼药，将伤口包扎好，除此之外，没有说过一句安慰他的话。气愤的他又倒在床上大哭了半个多小时，直到他平静下来，母亲才进来对他说："能控制自己情绪的人，才能掌握自己的命运。发怒本身就是一种自我伤害，而且对事情的解决是没有用处的，你需要好好克服。"

这番话深深地印在了我老公的心中。

他说："只要回想起那时的事情，就觉得母亲那次对我说的话，是值得一辈子去珍惜的。"

在孩子成长的道路上，最大的敌人不是别人，而是自己，他们缺乏对自己情绪的控制。愤怒时，不能遏制怒火，使周围的合作者望而却步；消沉时，放纵自己的萎靡，把许多稍纵即逝的机会白白浪费掉。

美国著名心理学教授丹尼尔·戈尔曼说："一个人在社会上要获得成功，起主要作用的不是智力因素而是情绪智能，前者只占20%，而后者占80%。"

只有让孩子具备积极的动力情绪，他们才能愉快学习、乐于奉献，从而愿意并且能够为自己所处的团队贡献才智、取得成绩，同时在这个平台上自我成长。

3

生活中,每个人都免不了动怒。

从心理学角度看,发怒是一种情绪。愤怒的导火线可能来自外部因素,如与老师、父母、同学之间的摩擦,或交通阻塞、上学迟到等原因,也可能来自内部因素,如心中的烦恼,以及对创伤性事件的记忆等。

发怒是人类所拥有的一种正常的情绪体验,可是,如果不能很好地控制愤怒的情绪,它就会引发各种问题。愤怒有着很强的破坏力,人在愤怒的时候,意志力会变得薄弱,判断力、理解力都会降低,从而容易丧失理智和自制力。有时候,它会让孩子无法控制自己的行为,做出伤害他人或自己的出格举动,甚至会导致犯罪。

因此,作为父母,应当教孩子学会控制自己的愤怒情绪。

要想孩子有一副好脾性,父母的脾气也不能差。不要轻易在孩子面前失去理智,大发脾气,对待孩子要有耐心,跟孩子讲话要温和,待人接物时,也尽量不要和家人、朋友、同事等大声讲话,孩子对父母的情绪改变是很敏感的。为孩子营造一个和气、开放、温馨的气氛,在这样的环境下长大的孩子,心境也会比较平和。

父母要让孩子认识到,发怒对自己没有任何好处,不但会危害自己的身心健康,而且不能使问题得到根本的解决。而平息自己的攻击性情绪,不仅是一种对自我的保护,还能够使自己思维清晰,提高说服力,这有助于问题的解决。这样,孩子无论在同伴还是在陌生人面前,都知道采取平和的态度来解决问题,而不是动不动就发火。

父母要经常与孩子沟通，让孩子在受到委屈和不快时有一个倾诉的地方，从而让他体会到父母的关爱和支持，如此一来，想起种种柔情时，孩子肯定能尽量控制住愤怒的爆发。父母要告诉孩子，与其和别人争得面红耳赤，不妨冷静一下，想想事件的起因，这样才能更好地解决问题。不要不加思考就说出跳入脑海中的第一句话，应该认真地倾听对方的话，冷静思考一下自己想说的每一句话是否正确。

另外，孩子的情绪往往瞬息万变，将注意力适时地转移到其他事情上，可以有效地进行自我调节。当孩子生气时，应建议他去做一些喜欢做的事情来释放情绪，转移注意力。例如，出去散散步，在喧闹的音乐声中随便跳跳舞，或是洗澡等，这些都能起到转移注意力、调整心情的作用。

不自律，正在慢慢毁灭孩子的人生

1

小孩看到零食、玩具等东西时都难以自控，有时候，孩子会在商场里哭闹着要买玩具，这是孩子天性中不好的地方，家长应在孩子还小的时候，一步步引导孩子学会克制。

有一次，我在商场看到一个小孩伸手去拿罐子里的零食，他把手伸进罐子里猛抓了一大把，等想把手拿出来时，却怎么都拿不出来，因为拳头太大，而罐口太小。小孩急得哭出了声，旁边的妈妈蹲下身，耐心告诉孩子："你抓了太多零食，拳头太大了，自然出不来，你可以试着放下一些零食，拿一两个，这样，你的手就能够从罐口出来了！"

孩子听完妈妈的话，不舍地放下了一部分零食，伸进罐子里的手自然轻松地拿了出来。他高兴得手舞足蹈，从那一刻，我想，他也懂得了不要太贪心的道理。

孩子身上有旺盛的求知欲和好奇心，有满满的活力和热情，然而，在面对诸多诱惑时，孩子往往缺乏足够的自控力，他们很容易在诱惑中迷失自我。

因此，家长一定要适时引导，提高孩子抵御诱惑的能力。

2

现在是互联网时代，孩子面对的诱惑比以往更多，手机、电脑、电视中充斥着形形色色的内容，有些不健康、少儿不宜的内容荼毒着孩子的心性。孩子缺乏自制力，经不起诱惑，如果家长不加以引导，很容易让孩子迷失自我。

美国斯坦福大学心理学教授沃尔特·米切尔，曾经对斯坦福大学附属幼儿园的孩子们进行跟踪调查，从他们4岁开始，一直跟踪到他们高中毕业。

期间,他设计了一个著名的关于"延迟满足"的实验。研究人员找来数十名儿童,让他们每个人单独待在一个小房间里,桌子上放着孩子们爱吃的棉花糖。研究人员告诉他们可以马上吃掉棉花糖,但如果等研究人员回来再吃的话,还可以再得到一颗棉花糖作为奖励。

对于这些孩子来说,实验的过程颇为难熬。面对诱惑,性急的孩子没等到老师走出教室,就把棉花糖送进了嘴里,有的孩子为了不去看那些诱人的棉花糖而捂住眼睛或是转过身,还有一些孩子甚至用手去打棉花糖。最后,大约三分之一的孩子成功延迟了自己对棉花糖的欲望,等到研究人员回来兑现了奖励。

当这些孩子进入青春期后,米切尔又对他们进行了调查,发现那些抵御住诱惑的孩子,在情感、社交方面,明显比那些性急的孩子具有较强的自信心、竞争力和较高的办事效率,而且面对挫折和压力,他们不会慌乱无措,不会轻易崩溃,容易赢得老师和同学们的信任。而那些没有抵御住诱惑的孩子,他们的抗挫折能力、自控能力较差,在压力面前常常不知所措,做事不果断,效率很低,其自信心和责任心都不强。

这个实验的最终结果表明,孩子的自控能力在一定程度上决定了他的未来。

3

早睡早起、按时吃饭、不挑食、学习和游戏劳逸结合……这些良好的生活习惯都是由父母带出来的。久而久之,孩子就会有自控意识。

在孩子的学习过程中,经常会遇到一些困难和干扰,或是碰到不感兴趣的内容。这个时候,只靠注意力是不够的,还必须要有意识地培养孩子的自我控制能力,使注意力服从于活动的目的和任务。父母可以通过孩子在一段时间内专心做一件事,如绘画、练琴、练书法等,来培养孩子的自制力。人的精力是有限的,如果将有限的精力分散到许多事物上,可能每一件事情都做不好,因此,不要人为地分散精力。如果能集中精力只做其中一件事情,可能这件事发生的作用比做几件事还要大。分散和专注是两个截然对立的行为,切忌三心二意、心猿意马。

父母要还学会和孩子讲道理,而不是一味强势地表达"你一定要这么做""不要这样做""都是为你好"等言语。在成长的过程中,孩子会有自己的判断,但有些判断是片面的、不完全的,父母可以引导孩子,少评判他人言行,教导孩子多自省自身。

比如,一个学龄时期的孩子,作业未完成,却成日玩游戏,父母提醒孩子之后,孩子依然死死抱着手机玩游戏,如果父母疾言厉色地呵斥孩子,孩子可能还会对着干。

此时,父母应耐心地跟孩子说:"如果你作业没有完成,你在学校会被老师惩罚,严重的话,你连学都上不了了,也会见不到那些小伙伴。"权衡利弊后,孩子多半会做出正确的选择。父母提出建议,让孩子自己衡量和选择,慢慢地,孩子不需要他人敦促,就会做好自己应该做的事。

孩子进入学校后,会受到很多约束:上课45分钟,只有10分钟的休息时间,回答问题时要举手,不能大声喧哗,等等。总之,年龄越大,孩子们会感到受的拘束越多。那么,作为家长,应该让孩子了解规则的必要性。比如交通规则、游戏规则、竞赛规则等的制定,让孩子试想,如果没有这些规则,世界会变成什么样?规则即是秩序,没有规则,一切都会变得混乱不堪。

为了更好地培养孩子的自律精神,家长在以身作则的同时,还可以和孩子一起制定家庭规则,例如,玩游戏的时间不准超过几点,说话的音量不能太大,做错事后要礼貌道歉……家长犯规后,也要自觉受罚。

让孩子爱上不完美的自己

1

我曾经看过一个有完美主义情结的雕刻家的故事。

在死神来临前,雕刻家因为恐惧死亡,雕刻了11个和自己一模一样的雕像,他把自己藏身其中,希望能骗过死神。死神来后,看到12个一模一样的人,实在难以分清谁才是真正的雕刻家,只能无奈地离开了。

死神对上帝说:"我被12个一模一样的人迷惑了,我应该如何选择?"

上帝对他说了一句话,死神听了之后,再一次来到雕刻家的家中，说出了上帝指引的那句话："先生，一切都非常完美，只是我发现这里还有一点瑕疵。"

追求完美的雕刻家听完这句话后，按捺不住内心的好奇，立即跳了出来问："什么瑕疵？"

死神笑着说："瑕疵就是——天堂都没有完美的东西，何况人间？走吧，你的时间到了！"

雕刻家沉痛万分，跟着死神离开了。

他本可以逃过一劫，却因为刻意追求完美，没有保住自己的性命。

2

我儿子的性格里也有"完美主义倾向"，平时做错事或做得不够好，他都会陷入深深的自责中，心情跌落谷底，好长时间都无法平复。

我们早就注意到了这一点，也试图安慰儿子，但收效甚微，一度颇为无奈，只能把儿子的这种情形半开玩笑半认真地归于"处女座"。但我们心里也知道，星座只是说着玩玩，当不得真，肯定是我们的教育出了问题。

有一次，我和邻居家长探讨这个问题时才意识到，一直以来，我自己也有问题。我在家时，总是坚持每天擦地板，特别爱干净，我也要求儿子要注意自己房间的整洁，物品用完后要归于原位，课本和作业本不能有折角，学习成绩要保持进步，等等。正是这些零零碎碎的小事影响了儿子的性格，让他无形中多了很多压力和约束。

自我反思后，我开始刻意训练儿子的"不完美"，对他的要求不再过于严苛,放手让他自由成长:儿子在学习上遇到问题时,我们会帮忙一起解决,但不再过问太多学习排名的事;儿子的房间可以按照他自己喜欢的风格来布置……

经过大半年后,儿子的心态变得逐渐平和,不再刻意追求完美,我们看在眼里,乐在心里。

当发现孩子有"完美主义"情结时,父母要善加引导,帮孩子走出自怨自艾、不断否定自己的困境。

3

很多孩子天性敏感,可能曾经做错一件事后,被父母疾言厉色过。有这种遭遇的孩子,很容易对错误这件事特别执着,通常表现为:害怕犯错,无法直面错误,难以承受失败。所以,当孩子犯错时,父母的角色也很重要,引导孩子正确看待失败、面对挫折,是父母必须要教会孩子的功课。

有的孩子遭受一点失败挫折,就会大吵大闹,继而消极低沉、一蹶不振,甚至失去生活的勇气和信心。在这种情况下,父母能做的便是陪在他身边,安慰他,鼓励他,做他坚定的后盾。

父母的关爱和陪伴是孩子前行路上的动力源泉,正确的指引可以帮助孩子走出困顿,用积极的态度面对任何失败。

著名的金融投资家索罗斯把"接受不完美"作为其人生的哲学理念。索罗斯认为,不完美是人性的一部分,我们在失败和失误面前,不能抱有消极的态度。他说:"对我来说,承认自己的错误是一种骄傲,一旦我们认识到理解上的不足是人类的先天性特征,犯错就没有耻辱可言，耻辱的只是不能纠正错误。"

教育孩子也一样，父母要引导孩子把经验和教训看作宝贵的礼物，因为这些都是他用沉重的代价换来的。只有总结出失败的教训，才能让自己增长经验、磨炼意志，为将来的胜利打下基础。

"走自己的路，让别人说去吧！"父母应该用这句话告诉孩子，走自己的路，不要太在意无关之人对自己的评价。每个人都在自己的人生轨道上前行，你是怎样的人，不用向任何人解释，在乎的人自然会千方百计读懂你，不在乎你的人，即便你做得再好，他们也不会看进眼里。过于在意外界对自身的评价，会因别人的看法和评价让自己陷入怀疑，久而久之，很容易产生挫败感，经不起失败的打击。

因此，父母要从小注重挫折教育，锻炼孩子拼搏的精神以及豁达的心胸，这样，当孩子遭遇失败、面对挫折时才不会意志消沉，才有勇气奋起拼搏，转败为胜。

用孩子的眼光来看待他，用孩子的心灵来理解他

1

朋友李女士是典型的"虎妈"，对孩子要求特别严格。

小学毕业升初中，新学期开学，女儿暗示她："你注意到我QQ签

名的变化了吗？"

被女儿这么一提醒，李女士才发现，女儿的QQ签名从过去的"我是美丽的芭比"改成了"我要上清华北大咯"。

尽管其他家长对孩子的举动全是褒赞，但李女士却乐不起来。

"很明显，孩子这么做是为了取悦我和她爸爸，还有群里的家长，她希望得到我们的表扬。"李女士愁闷地对我说，和同龄孩子相比，女儿显得成熟稳重得多，现在居然学会了迎合，"我觉得这不是好事，一定是我的教育出了问题，或者是孩子在哪里接触了她不该接触的东西"。

李女士的担忧引起了很多朋友的讨论，最后，一个朋友想了个办法。

朋友的办法很简单，他用了个网名上网，加了李女士的女儿为好友，一番谈话下来，发现孩子确实是真心想上清华北大，改QQ签名是为了表达自己的决心，也是希望能让父母高兴——"因为爸妈平时很少在家笑"。

家长们总是用成人世界的思维去衡量孩子的一言一行，但无论是孩子QQ签名的变化，还是他平时的言行举止，可能只是童言无忌，而在大人看来却带有功利和世故的色彩。

2

家长需要留意孩子成长过程中一点一滴的变化，但这并不意味着要小题大做，对孩子的任何言行都过分担心。

一位妈妈和儿子分开了5年，5年里，孩子一直在老家由奶奶照看，在孩子10岁的时候，妈妈将儿子接到了身边。此时，孩子已经上小学了，妈妈却发现儿子很少和自己进行交流。妈妈因为这件事情十分苦恼，于是，她想出了一个办法。

这天，她提早下班，去花鸟鱼市场买了一只乌龟。回到家中，她将这只乌龟放进了鱼缸里，并将鱼缸搬进了儿子的房间。儿子放学回家，走进自己的房间写作业，突然看到了桌子上的乌龟，兴奋地叫了起来："有只乌龟！"

儿子跑到妈妈面前，问是不是妈妈买给自己的，此时，儿子突然跟妈妈说："在奶奶家的时候，我也养了一只乌龟，可是后来生病死了。这只乌龟，我一定好好养，一定要把它养大。"

从那之后，母子之间经常围绕着这只乌龟进行交流，渐渐地，两人的关系变得越来越融洽，儿子也越来越愿意和妈妈进行沟通了。

3

在每一件看似荒唐的事情背后，都有孩子独特的思维方式，都有孩子对世界的探索与研究。面对孩子，家长所要做的，就是尽量用孩子的眼光来看待他，用孩子的心灵来理解他。

古希腊一位哲人说过："头脑不是一个要被填满的容器，而是一把需要点燃的火把。"好奇是孩子的天性，父母在教育孩子的时候，要避免灌输式教育，那样只会让孩子变成一台应试机器，让孩子失去最宝贵的好奇心，失去主动求知的欲望。

生活中，当孩子兴奋地向你报告他们的新发现时，你要明白，这些发现非常宝贵,它不仅表明孩子对世界充满好奇,而且表示他们在观察和思考。如果孩子问到超出他的年龄应该知道的事,怎么办呢? 不要责备他,孩子并不知道什么该问,什么不该问。

有位妈妈的做法很好, 每逢孩子问到现在无法给孩子说清的问题,她就告诉孩子:"我把这个问题记下来了,到你15岁的时候,我就会回答你的问题。"

这些问题,也许以后用不着父母回答,他自己慢慢就明白了,但是这种做法,能让孩子感到他的提问受到了尊重和鼓励。

第三章

知识比财富更重要,情商比智商更重要

把"要我学"变成"我要学"

1

如果时光倒流,每个人都希望自己能够再一次坐在教室里,认真学习一次。可是,我们成年人在当初上学的时候,多少也曾经有过"厌学"的念头吧。那时候我们的父母不知道说了多少次"这是在为你自己读书啊"!

我们听进去了吗?恐怕只有少数吧。

既然如此,当我们也做了父母后,对待孩子的学习,就要耐心一点。

上了初中后,我儿子学习一直懒懒散散的,对什么都没有兴

趣,严重偏科,数学还可以,英语奇差。我和他爸还有老师都十分焦急,大道理说了不少,但儿子就是没有学习的热情。

就在大伙都放弃对儿子学习的敦促时,转机来了。

儿子有一个非常崇拜的表哥,表哥奋发图强,去了国外留学。春节回家时,在饭桌上,表哥给大家描绘了精彩纷呈的国外风情,也讲述了自己多年的拼搏经历。提及自己的奋斗史和面临的机遇,表哥满满的骄傲和感激。

儿子在一旁静静地听着,听了表哥的话,他对去国外留学表现出了极大的兴趣,儿子对我老公表示,高中毕业以后也要去国外留学。

老公因势利导,告诉儿子:"那你得先过了语言关。国内大家都讲普通话,到了国外,大家可都是说英语。如果你不会,你怎么生活?也没有大学会收你哦!"

留学的表哥也在一旁教导儿子:"外面的世界很精彩,离开家后,生活只能靠自己,没人能帮你。你想要什么样的生活,都要自己去拼。安安,你记住,学习是为了自己。学习好,你在未来的选择会更多。"

儿子对表哥流露出了崇拜的小眼神。

从那以后,儿子就变了,自发自觉地发奋学习,英语成绩提高了不少。

没什么比身边人的成功更能给孩子信心和力量了。如果孩子不能意识到"学习是为了自己",他就不会自主学习。

2

父母可以适当给孩子分享身边成功人士的故事,也可以带他们去名牌大学走走,让他们明白,学习是为了自己的未来。

达·芬奇从小勤奋好学,善于思考,他对绘画有特别的爱好,也喜欢用黏土做一些稀奇古怪的玩意儿。他常常跑到小镇上去写生,邻居们都称赞他是"小画家"。

有一天,达·芬奇在一块木板上画了一些蝙蝠、蝴蝶、蚱蜢之类的小动物,他的父亲看见了,觉得画得不错。为了培养他的兴趣,他14岁时,父亲送他到佛罗伦萨著名艺术家佛洛基阿的画坊去学艺。

佛洛基阿是一位富有经验的画师,对学生要求十分严格,他教达·芬奇的第一课就是画鸡蛋。从此,达·芬奇根据老师的要求,每天拿着鸡蛋,一丝不苟地照着画。

过了一年、两年,达·芬奇有点不耐烦了。有一天,他实在忍不住了,便问道:"老师,为什么老是让我画鸡蛋呢?"

佛洛基阿严肃地告诉他:"你以为画鸡蛋很容易?在1000个鸡蛋当中,没有形状完全相同的两个鸡蛋,每个鸡蛋从不同的角度去看,形状也不一样。我让你画鸡蛋,就是要训练你的眼力和绘画技巧,使你能看得准确,画得熟练。"

达·芬奇听从老师的话,更加刻苦认真地画鸡蛋。这生动的一课,不仅为达·芬奇的绘画艺术打下了坚实的基础,对他以后钻研多方面学问也很有启迪。达·芬奇在此整整苦学10年,不但在艺术方面得到了良好的学习和训练,还结识了一批艺术家和学者。

后来,达·芬奇在总结童年学画的经验时,告诉下一代艺术爱好者们说:"你们天生爱绘画,所以我想对你们说,你们若想学得物体形态的知识,须由细节入手。第一阶段尚未记牢,尚未练习纯熟,切勿进入第二阶段,否则就会虚耗光阴,徒然延长学习年限。切记,艺术得勤奋,勿贪图捷径。"

父母一定要告诫孩子,趁青春年华,努力探求知识,这将为孩子的未来奠定良好的基础。

3

家长要让每一个孩子都确立一个信念:眼前的学习机会失而不返,务必要珍惜;学习是自己的事,"我要学"才能使你体会到无穷的快乐,"要我学"则只会徒增烦恼。

兴趣是最好的老师,有了学习兴趣,孩子自然就会主动前行。

如何激发孩子的学习兴趣?

我从小让孩子博览群书,培养孩子学习的意识,当孩子提出问题后,和孩子一起从书本里找答案,慢慢地,孩子就知道,学习可以解决困惑,可以让他全面地认识自身和宇宙奥秘。当孩子看到自身进步以及体验到成功的喜悦后,他就会慢慢感知到学习的乐趣。

我也会陪伴孩子解决学习中的难题,让他不断提升完成学习任务的能力,坚定孩子对自己能力的信念,能力信念会直接影响人的行为。

每一次考试之后,我都会让孩子进行自我总结,告诉他,良好成绩归功于自己的努力,而不是运气,如果孩子的学习能力强,也可以做能力归因。若是取得不好的成绩时,除却某些确实存在的客观原因,要指引孩子自省,从自身找原因:如果是自己的努力不够,就鼓励孩子,下次加油;如果是能力不足,要分析学习方法是否错了。长此以往,孩子对自我学习的认识会越来越清晰,他会根据不同的原因进行改善,这对孩子未来取得成功有重要的意义。

乐观的孩子,是父母最大的快乐

1

有一年,某地的高考作文是这样一段材料:

一位"迷信"的秀才,在考试前两天做了三个梦。

第一个梦,梦到自己在墙上种白菜;第二个梦是下雨天,他戴了斗笠还打着伞;第三个梦是梦到跟心爱的表妹躺在一起,但是背靠着背。

临考之际做这样的梦,秀才觉得颇有深意,于是去找了算命的人,想让他帮忙解梦。

算命的一听,连拍大腿说:"你还是回家吧,你想想,高墙上种菜不是白费劲吗?戴斗笠打雨伞不是多此一举吗?跟表妹躺在一张床上,却背靠背,不是没戏吗?"秀才一听,心灰意冷,回店收拾包裹准备回家。

店老板非常奇怪,问:"明天就要考试了,为何今天却要打道回府了?"秀才把算命先生的话重述了一番,店老板乐了,说道:"唉,我也会解梦的。我倒觉得,你这次一定能考中。你想想,墙上种菜不是高'中'吗?戴斗笠打伞不是双保险吗?跟你表妹背靠背躺在床上,不是说明你翻身的时候就要到了吗?"

秀才一听,恍然大悟,于是精神振奋地参加了考试,最后中了个探花。

阅读这样的材料,写高考作文,出题者可能是希望这些参加考试的孩子知道,人生会遇到许多难以预料的事,在这些事物面前,我们应当正确对待,多往好的一面想并为此而努力。

有一位智者说过:"生性乐观的人,懂得在逆境中找到光明;生性悲观的人,却常因愚蠢的叹气,而把光明吹熄。当你懂得生活的乐趣,就能享受生命带来的喜悦。"乐观的人,凡事都往好处想,以欢喜的心想欢喜的事,自然成就欢喜的人生;悲观的人,凡事都朝坏处想,越想越苦,终成烦恼的人生。

2

乐观情绪是一种能让人愉悦的心理感受,让孩子乐观地面对生活的一切,能增强孩子的心理承受能力。面对顺境,孩子能戒骄戒躁,面对逆境,孩子也能从容应对。

少年儿童正处在身体和心理的发展时期,在这个过程中,家长应该重视培养孩子乐观向上的人格和豁达、宽广、积极的人生态度。

我读过一本少儿的漫画书，说的大概是这样一个故事。

生性开朗乐观的吉米，终于实现了自己翱翔蓝天的愿望——当上了飞行员。

一天，他遇到了一个朋友，他告诉朋友说："前几天，我在大草原的上空练习飞行，当时的景色真是美丽极了，飞在天上，我什么烦恼都没有了。"

"那会不会有危险？"朋友担心地说。

"飞行当然有一定的危险，不过飞机上安全设备很齐全，通常情况下都很安全。"

"可是，万一那些安全设施失灵了呢？"

"不会那么巧，而且，就算安全设施失灵了，还有应急措施呢。即使一切都失灵了，还可以跳伞自救。"

"跳伞也有很大的危险啊，万一跳伞失败，可就是以性命为代价啊。你能保证你跳的每一次都一定有把握吗？"

吉米觉得这个朋友太多虑了，就开玩笑说："草原上多的是干草垛，就算跳伞失败了，我也会想办法落到干草垛上去。"

"怎么能保证正好落上去呢？即使你能落在上面，万一草垛上碰巧插了一把粪叉，那可危险了。"

"草垛那么大，我也不一定就正好落到粪叉上呀！"

"要万一落到上面呢，那时候可真的会没命的。"

"就是有万一，这所有的不幸也不会都让我摊上吧！"吉米耸耸肩回答道。

这个漫画故事其实就是在告诉孩子,要看到事情有利的一面,期待更有利的结果。什么时候都不要忘记乐观,乐观是对待人生不幸的绝佳武器,开心是一天,悲伤也是一天,那为什么不开心地过每一天呢?

3

当然,乐观态度的形成并非一日之功,需要在生活中的细微处一点一滴地积累和培养。

当孩子能把苦难和痛苦看作是一种成长的快乐时,那也将是父母最大的快乐。

我小学有个女同学——,从小就有先天性心脏病,被医生判定活不过7岁。虽然常常要去医院,身体也承受着极大的痛苦,但开朗乐观的——,无论什么时候,都是笑意盈盈的。

——从来不把自己当病人,她知道自己随时都可能倒下,但她告诉自己,还没倒下时就要笑着过每一天。她一直对医疗科技满怀希望,她相信自己可以活过医生的预言。

一年年地过去,——度过了22岁生日,并在22岁这一年遇到了自己喜欢的人。

——的病一直是一个隐患,她也不知道自己哪一天就会离开,男友向她求婚那年,她病重了,医生说,"心脏移植"是唯一的希望。

男友抱着她痛哭,但——却很坚强乐观。她说,还没有到绝路,她可以努力等到有合适心脏的那一天。

在父母和爱人的陪伴下,或许是——数十年来的乐天性格为她积攒了福气，她终于等来了合适的心脏，又一次坚强地活了下来。

面对人生的诸多不幸，我们必须学会乐观面对。

如何培养孩子自信、乐观的心态呢？

首先，父母要给孩子营造一个乐观而温馨的家庭环境，让孩子无忧无虑、快乐地学习和生活。父母也要具有乐观的心性，处事不惊、遇事不乱，教会孩子正确面对挫折和失败，多给予称赞与鼓励，多给予欢笑和温暖，孩子会逐渐形成乐观开朗的性格。

其次，跟孩子说话时，要温声细语、和颜悦色，不要让孩子感到紧张和不适。父母要注重和孩子的沟通，尊重孩子的选择，当孩子做得不对时，要跟孩子讲道理，做到以理服人。

然后，引导孩子完成力所能及的任务，使其体验到"成功"的欢乐。每个人在完成任务时的愉悦和满足，能够让人感到快乐幸福。所以，父母平时应该给孩子一些完成任务的机会。

最后，父母要引导孩子表达自己的不快，并和孩子共同面对，帮助孩子走出困顿。

告诉孩子"你可以失败啊"

$$\boxed{1}$$

同学的女儿颜修上高一，她初一时一直是班里名列前茅的优秀学生，如今却只能在班级中下游浮动。

一切还要从两年前初二时的一次比赛说起。

初二第一学期，全区中学举办了一次知识竞赛，颜修作为校选手，一路过关斩将，进入了最后的决赛。但在决赛的最后一轮，她答错了一道题，答完后她就意识到了，但已于事无补。她看到台下同学们失望的目光，感到无地自容，深深的自责和愧疚把她拖入了泥潭。

后来，同学们都忘记了这场比赛，她却还陷在其中无法走出来，渐渐地，她远离同学，把自己彻底封闭了起来。当父母发现她状态不对时，带她去看心理医生，一番检查后，被告知她患有轻度抑郁症。

这样的情形在社会上时有发生。青少年是一个挺脆弱的群体，这一切可能都源于父母平时对他们的过度保护，等他们真正遇到事的时候，没有经过磨炼的他们很容易就"破碎"了。

达尔文说，物竞天择，适者生存。社会是存在竞争的，各种压力接踵而至，优胜劣汰是必然，每个人都背负着一定的压力，比如，考试没考好、竞赛失误、升不了学等。这些问题会造成很大的心理压力，如果此时父母不能正确地引导孩子，久而久之，孩子内心的沉郁无法纾解，就会给自己带来极大的精神压力。他渐渐会变得拙于应付局面，随之而来的就是消极情绪和懈怠，时间久了，会造成很严重的后果。

2

我另一个朋友的孩子叫郭立，不管是什么样的考试，他几乎都能拿第一，因此，大家都称他是"考不倒的第一名"。

可是，郭立在小学升初中的考试中考砸了，别说重点中学，连二级以上的中学都上不了。他趴在床上伤心地哭了起来，他想："完了，这下全完了。"

这时，爸爸对他说："谁能保证人生道路上就没有一点挫折！挫折只是考验，失败更能磨炼人的意志，你要用乐观的心态去面对它，才能战胜挫折和失败。"

听了爸爸的话，他在日记里写了这样一段话："在生活中，有许多的小失败和小挫折，但是，只要我们能快乐地生活，乐观地面对一切失败和挫折，那我们就是生活的强者。"

此后，郭立发奋学习，为自己制定了学习时间表，合理安排好自己的时间。每天5点30分起床，跑步、读英语、背课文；放学后，看完笔记做作业；晚饭后，复习、预习。这样坚持了一段时间，他的每科成绩都提高得很快，成绩名列前茅。上到初二时，校长破例批准他直接跳级升入重点高中。

平时,父母可以适当地和孩子谈论自己在工作上遇到的挫折和不如意,让孩子对挫折有一个全面的认识,为孩子树立榜样。如此一来,父母在面对挫折时的态度和坚强意志,会成为孩子学习的榜样,他们会认为失败并不是永久的,可以帮助他们积极正向地面对挫折。

父母的言行永远是孩子的标杆,当孩子看到父母遇到某些棘手问题时不退缩、不怯懦、勇敢面对的态度,他就知道,只要意志坚定,就没有解决不了的难题。

3

世上不如意事十之八九,无须抱怨命运的不公,无须艳羡他人的人生大幸。世上有比你幸福的,但也有很多比你悲惨不幸的,不要只看自己身上缺失的,要多看看自己身上拥有的。其实,我们很富有。

有个叫黄美廉的女人,她是知名的艺术博士,但她从小就患有脑性麻痹症。

得了这种病,肢体会失去平衡感,手足会时常乱动,口里也会经常念叨着模糊不清的词语,模样十分怪异,医生当初判定她活不过6岁。在他人看来,黄美廉的人生还没开始就即将结束了,她不具备生活自理能力,生活不过是熬一天算一天,没什么未来可言。但让大家没有想到的是,她坚强地活了下来,而且靠顽强的意志和不懈的坚持,考上了美国著名的加州大学,并获得了艺术博士学位。黄美廉靠手中的画笔和优秀的听力,抒发着自己的情感。

在一次演讲会上，一位学生问道："黄博士，您从小就长这个样子，请问您是怎么看自己的？您有过怨恨吗？"

这个问题让现场的气氛陷入了尴尬的沉默中，而黄美廉却十分坦然地在黑板上写下了这么几行字：

一、我好可爱！

二、我的腿很长很美！

三、爸爸妈妈那么爱我！

四、我会画画，我会写稿！

五、我有一只可爱的猫！

……

最后，她以一句话做结论："我只看我所有的，不看我所没有的！"

挫折不可怕，可怕的是一遇上挫折就怯懦退缩的人心。

孩子没有生活的阅历与经验，他还处在人生中最初的摸索阶段。父母在孩子面对失败时，要信任鼓励孩子，帮助孩子获得战胜挫折的勇气，告诉孩子："你可以失败啊！"

让孩子上好"宽容"这一课

1

　　北京师范大学教育系与中国青少年研究中心曾经对中小学生做了一次抽样问卷调查。其中,有一个问题是这样的:"当你讨厌的同学需要你的帮助,而你能帮助他时,你会帮他吗?"对于这个问题的回答,表示愿意的小学生、初中生和高中生分别是59.8%、41.7%和37%。由此可见,虽然不少孩子对于他人的主动求助表示愿意帮助,但是,从小学阶段到高中阶段,表示愿意帮助他人的人数是递减的。

　　在调查中,还有一个问题是这样的:"对于过去欺负过你或严重伤害过你的人,你会怎么办?"对于这个问题,只有29.9%的学生表示会原谅他,有近24%的学生表示很难原谅或绝不原谅,其余的学生则表示原谅但不忘记。

　　当我看到这个调查的时候,决定"测试"儿子一下。

　　于是,我对儿子说了一个故事。

　　有一次,孔子的得意门生颜回在街上和一个人争论,那人大声说:"三八二十三,你算错了!"

　　颜回笑着对他说:"三八是二十四,是你算错了。"

　　那人不服气地说:"你算老几?我就听孔夫子的,咱们找他评理去！"

颜回问:"如果你错了怎么办？"

那人回答:"我把脑袋给你。如果你错了怎么办？"

颜回说:"我就把帽子输给你。"

于是,两人一起去找孔子。孔子问明情况后,笑着回答说:"三八就是二十三啊,颜回,你输了,把帽子给人家吧！"

儿子听到这里大笑着说:"孔子一定是老糊涂了,三八明明是二十四,他数学是体育老师教的啊！"

我继续对儿子说:"是啊,颜回也像你这样想的,所以他不解地问了孔子,孔子说:'说你输了,只是输了一顶帽子;说他输了,那可是一条人命啊！你说是帽子重要还是人命重要？'"

儿子恍然大悟。

我趁机告诉他:"孔子的这种精神就是宽容他人的典型。事实上,这种宽容并不是每个人都能够做到的,明知是对方无理,或者是对方错了,却不争不斗反而认输,虽然自己吃点小亏,但使别人不受大损,这种宽容的精神是难能可贵的。"

2

人都有利己性,当父母在发现孩子越来越自私,不管发生什么事情,首先想到的都是自己,别人做错了事,总是逮住他人的缺点不放,这时就应该告诉孩子要宽容。

作为美德的宽容,有尊重和欣赏两个层面。

第一,尊重他人的尊严和选择,只要他人的选择不侵犯其他人的权利,我们就不可剥夺他人选择的自由。宽容就是要做到不把自己的观点强加于人,不限制他人的自由选择权。

第二,欣赏每个人身上的闪光点。家长要引导孩子学会欣赏那些与自己不一样的人身上的优点,并努力学习他们的美好,了解人与人之间的差异,也正是种种不同,构成了丰富有趣的人间百态。

印度民族英雄甘地在回忆自己的成长过程时说:"是父亲那崇高的宽容态度挽救了我。"

甘地在年少时是一个问题少年。少年时期,他染上了烟瘾,烟瘾一发作,他就偷家里的钱买烟抽。但后来,他渐渐意识到偷家人的钱,背着父母抽烟的行为太可耻了,一想起就觉得无脸见人,内心十分痛苦,一度还想过自杀。

他终于忍受不了内心痛苦的折磨,静下心来把自己犯过的错写在了笔记本上,并把写满整本笔记本的一部"堕落史"交给了自己的父亲。甘地以为,父亲会狠狠地批评他,甚至惩罚他。但结果出乎他意料,父亲看后,不但没有责备他,反而流下了伤心的泪水,自责自己对甘地照看不周,让他走上了歧途。甘地看到父亲自责痛心的模样,觉得自己有愧于父亲,从此,他改邪归正,走回了正道。

生活中,父母在对待孩子的错误和伤害时,要有宽容的态度。父母身上携带一颗宽容之心,孩子才能效仿学习。

3

父母不要对某些人或事物存有偏见，更不要在孩子面前表露出自己的偏见,最好不要在孩子面前过多议论身边的人,这样容易让孩子带着父母的眼光和议论去看对方。久而久之,小孩子就会变得特别挑剔,自视甚高,觉得自己很厉害,觉得对方这也不行那也不行。看不到他人身上的优点,不利于培养孩子宽容的习惯。

父母应该从自身做起,摒除对他人的成见,以平和的心态看周遭的人和事,与之平等相处。

宽容,是一个人对另一个人的理解和体谅。所以,当孩子和他人发生矛盾和争吵,彼此都坚持自己的想法不退让时,父母应教导孩子设身处地地站在别人的角度来思考问题，这样更有助于问题的解决。

文明礼貌是孩子做人的"身份证"

1

儿子刚上小学的时候,性格内向腼腆,不爱讲话,课堂上也不会主动回答老师的问题。

有一天放学,我去接儿子。在校门口,我们和一个老师相遇了,老师对我们点了点头,随后就走过去了。儿子告诉我:"妈妈,刚刚走过的是二班的语文老师宋老师。"

我问:"那你刚刚怎么不和老师打招呼呢?"

"妈妈,宋老师是二班的,我是五班的,他不认识我的。"

我温和地开导孩子:"见了老师应该有礼貌,要主动打招呼。老师即使还不认得你,但你要记住尊重老师啊!"

从那以后,每次遇到老师,儿子都会主动打招呼,老师也夸他是个懂礼貌的好学生。

礼貌常常被不少家长视为小节而忽视。

在现实生活中,有些家长认为,现代社会是个自由社会,懂不懂文明礼仪没关系,只要学习好、有真本事就行;也有些家长认为,小孩子天真无邪,长大了自然就懂得文明礼仪了,不需要刻意教。这些都是误解。文明礼貌是孩子做人的"身份证",是孩子随身携带的"教养名片",所以,家长应重视培养孩子讲文明、懂礼貌的好习惯,让孩子成为一个有教养、受欢迎的人。

2

丰子恺是我国近代著名的画家、文学家,同时也是一位好父亲。

他女儿叫丰陈宝。丰陈宝小时候特别怕生,在客人面前表现得有些怯懦。

有一次,丰子恺先生到上海为开明书店赶一项编辑工作,把13岁的小陈宝也带了去,想让小陈宝帮着抄写。那一天,来了一个小陈宝不认识的客人,这位客人同丰子恺先生谈了好长时间,小陈宝一直没有与客人打招呼。客人与丰子恺先生谈完后,就过来与小陈宝打招呼告别,小陈宝一下怔住了,她不知道该如何是好。

丰子恺先生送走客人后,语重心长地对小陈宝说:"客人向你打招呼告别,你怎么可以不理睬人家呢?"

后来,丰子恺先生一直非常注重小陈宝的礼貌教育,他告诉小陈宝,客人来了,应该为客人端茶倒水,而且一定要用双手奉上,以表恭敬。他还风趣地打比方说:"如果用一只手端茶递水,就好像皇上对臣子赏赐,更像是对乞丐施舍,这是非常不恭敬的。"

丰子恺先生还教育小陈宝说:"客人送你东西的时候,你一定要躬身双手去接,躬身表示谢意,双手表示敬意。"这些话都深深地印在了小陈宝的心中,后来,小陈宝果然成了一个彬彬有礼的孩子。

3

培养孩子文明礼貌的习惯,要从一点一滴做起。

(1)给孩子树立文明的榜样。正所谓"己正而后能正人",家长要以身作则,礼貌对待家人、朋友。在家里接待客人的时候,向孩子做好示范,使孩子真切地体验到礼貌、热情的含义,让孩子在耳濡目染中形成文明礼貌的品德。

(2)训练孩子的礼貌言行,让孩子与长辈说话时多使用敬语"您";家中来客人时,家长要让孩子主动和客人打招呼;饭桌上,吃完饭后,要对长辈说"我吃饱了,您慢慢吃",之后再离席;主动为长辈、客人盛饭夹菜;客人告辞时,要求孩子把客人送到门口或电梯口。

(3)家长要给孩子讲解待客的"规矩",使孩子懂得一定的行为规范。如亲友来访时,听到敲门声要说"请进";见了亲友按称谓主动亲切问好;拿出点心、水果等热情地请客人吃;当大人谈话时,小孩不应随便插话;若客人带小朋友来访,应让孩子学会分享,主动拿出玩具和小朋友玩;共同进餐的人未完全入席前不得动餐具自己先吃;客人离开时要说"再见",并欢迎客人再来。

(4)孩子的文明礼貌语言并不复杂,父母只要先要求孩子不说粗俗的话,日常用语也就只剩下"你好""早上好""对不起""没关系""谢谢""请"等一些礼貌用语了。还有包括见面或分手时打招呼、握手,与别人说话的时候要用眼睛看着对方,尽量面带微笑,等等。这些细节上的事情,家长不能忽视,如果孩子嘴上说着"你好"却一副气哼哼的样子,相信没有人会喜欢。

小小"社会人",朋友怎么交?

1

随着孩子年龄的增长,在他们的世界里也会形成一定的"圈子"。比如,谁不讲卫生,大家就不喜欢和他玩;谁成绩好,大家就下意识聚集在他身边……面对孩子的这些"圈子",父母要么不以为然,觉得小孩子三天好了、两天吵了很正常,不用管;要么横加干涉,用自己的准则让孩子"不得和XXX一起玩"。

这两种做法都是不对的,孩子也是小小的"社会人",父母应该鼓励、指导他们交朋友,从中培养孩子的情商。

我儿子的性格由内向变得开朗,是因为受到了一位女生的影响。

这位女生以前并不是儿子的朋友,有一次,儿子感冒了,全身无力,当天正巧是他打扫卫生。女生看到他身体不舒服,马上过来询问,之后便叫了几个同学帮忙,三下五除二就把卫生打扫好了。

后来儿子发现,这个女生性格很男孩子气,特别喜欢开玩笑,经常让人捧腹大笑。她用活泼和豪爽的性格吸引了班里的男生,用热情和幽默吸引了班里的女生,人缘特别好。

儿子说:"以前我没有意识到和人缘好的同学在一起有这么多好处,但是,每当我遇到困难的时候,她一声吆喝,同学们都愿意在她的带领下来帮助我。"

人缘好的孩子身上总有其独特的人格魅力,应当鼓励自己的孩子和他们交往,去了解他们,向他们学习,锻炼说话和办事的能力。

2

儿子的同学维泽,在10岁之前一直生活在湖北,讲一口湖北话,后来因为妈妈工作调动,来到北京读书。

维泽的普通话不是很好,说起话来时常结结巴巴的,而大家又听不懂他的方言,所以交流起来很困难。也是因为这个原因,别的同学都不爱和维泽玩。为此,维泽苦恼极了,他甚至要求妈妈帮他转回原来的学校。

维泽妈妈知道转回去显然是不现实的,她下定决心,一定要想办法帮助儿子练好普通话。

从那之后,维泽家里就有了一条"新规":每个人必须讲普通话。

不仅如此,为了尽早帮孩子说一口流利的普通话,妈妈还在其他方面下了功夫。

刚开始的时候,妈妈让维泽看他喜欢的动画片,每次看完后,妈妈就说:"儿子,刚才的动画片很好看吧?妈妈也喜欢看,但刚才工作忙,没来得及看,你能给我讲讲吗?"

一开始维泽很犯难,但在妈妈的鼓励下,他试着讲了起来。虽然结结巴巴讲得并不完整,也不怎么连贯,但每当他不知道怎么说的时候,妈妈都会适当地补充和提醒,慢慢地,维泽讲的故事越来越完整,条理也越来越清晰。

与此同时,妈妈还鼓励维泽在上课的时候多举手,积极发言,遇到问题多跟同学讨论、交流,鼓励他参加各种演讲比赛。

功夫不负有心人,在妈妈半年的努力下,维泽的语言能力有了很大的提高,小伙伴们不再远离他,经常找他一起玩。见自己被大家接受,维泽感到很开心。

在孩子遭遇不受欢迎的情况时,要分析原因,用耐心和方法帮助孩子扭转局面,这样,孩子便不会再有被孤立的感觉,他的交往能力也会随之增强。

3

人们常说,看一个人可以先看他的朋友是什么样的人。如果孩子和品德不好的人交朋友,别人一看他那些朋友,就会认为他也不是个好孩子,这会影响他的人际关系。

同样的道理,如果孩子和优秀的同学交朋友,那么他首先会给周围的人一个较好的印象,其次,他还能从优秀的同伴身上学到很多优点,有更多的机会提高说话和办事的能力,当他遇到困难时,他也能从优秀的朋友那里获得帮助。

当你发现自己的孩子人缘不好的时候,首先要引导孩子从自身找原因,还要向人缘好的同伴学习,要多接触他们,与他们打成一片。在与人缘好的同伴交往的过程中,你的孩子会受到他们的感染,从他们身上学到受人欢迎的秘诀。

【生活备忘录】

自由的孩子最自觉

　　生活中,家长可以试着从监督者和控制者的角色中退出,把信任还给孩子,让孩子获得自我管理的权力,唤起孩子内心的自尊感和责任感。当你给孩子"自由"的时候,相信他会回报你"自觉"。

第四章

自己的事情自己做,不会的事情学着做

别"仁慈"得让孩子丧失了生存能力

$$1$$

在动物世界,不论是食肉的还是食草的,不论是天上飞的还是水里游的,它们都十分重视培养下一代的生存能力,因为这是族群延续下去的唯一途径。

老鹰第一次教小鹰飞翔,是把小鹰带到一个不算太高的悬崖边,然后把它"踹"出去;第二次把小鹰带到稍高的悬崖边,再次"踹"出去……直到小鹰能在高空中自由地翱翔。

小狮子长大后,母狮子会专门培养它的狩猎能力。母狮子会带

领小狮子来到小动物出没的地方,当它发现猎物时,母狮子让小狮子追赶,如果小狮子没有捕到猎物,精疲力竭地回来,母狮子就会对小狮子又抓又咬,逼着小狮子再去追赶,直到小狮子捕到猎物为止。

小鹰是被鹰妈妈"踹"下悬崖的,小狮子是被狮妈妈赶着捕猎的。动物尚且如此,我们人类呢?

我们对待孩子似乎太"仁慈"了,"仁慈"得让孩子丧失了生存能力。

为什么让孩子自己处理事情这么难?因为现在孩子在家庭中的地位太重要了,一个孩子的命运关乎一个家庭的幸福,家长以百分之百的精心与细心去呵护他们,结果就让我们的孩子成了一个个"小公主""小皇帝",什么都不会干,什么都不敢干。

作为家长,应该适当"放养"孩子,让孩子学会自己处理自己的事情。

2

我上初中的时候是住校生,五个女生住一个宿舍,我是寝室长。开学第一天早上,大家匆匆忙忙穿上衣服,拎着书包就出门了。

刚坐下,上课铃就打响了。班主任拿起点名册开始点名,点到岚岚的时候,大家才发现岚岚没来。岚岚和我一个宿舍,我开始担心:"岚岚没有跟上我们,不会还在睡觉吧?"

直到第一节课下课,岚岚才上气不接下气地赶来。

我跑去问岚岚怎么回事,没想到,岚岚却不理我,我以为她出了什么事，心情不好，于是更加急切地追问。这时，岚岚咕哝了一句："你们起床了，都不喊我一声就走了，在家都是我妈妈喊我的。"

我感到有些委屈，但也没有说什么，看到岚岚桌上放的是历史书，我惊讶地说道："咱们今天上午没有历史课啊，是政治课。"岚岚一听，慌忙翻书包，发现带错了书。

类似的丢三落四的事情几乎每天都在她身上发生：不是忘记叠被子，就是忘记打水；轮到岚岚值日的时候，宿舍总会被扣分；每到周末回家的时候，她都会带回去一大包攒了一周的脏衣服。

现实中，很多孩子都有类似岚岚的经历。孩子的独立性这么差，除了父母平时对孩子事事包办、百般溺爱之外，一般还有以下几个原因：

(1)孩子的依赖性太强。孩子觉得生活在群体中，很多事情都不必自己操心。事例中的岚岚便是这种心态，认为起床会有人喊，上什么课也会有人提醒，所以平时不愿意自己去处理这些琐事。然而，当出现意外，需要靠自己的时候，孩子往往会手足无措。

(2)家长不相信孩子独立做事的能力。当孩子独立完成某件事或者试图帮父母做某件事时，由于经验不足，往往不能做得很好，很多家长都会嫌弃孩子动作不利索、考虑不周到等，从而不让孩子做，甚至还会责怪他们，不尊重他们的劳动成果。久而久之，孩子的满腔热情受到打击，便不敢再去尝试独立做事，这导致他们错过了很多锻炼自立能力的机会。

(3)孩子很少有独自生活的经历。很多学生都是到了大学才第一次离开父母，他们从小到大没有完全脱离父母，自己照顾自己的经历。当某一天突然离开了父母独自生活的时候，他们就会对很多从没有独立完成过的事情感到手足无措。

父母不放手让孩子从小学会自立，他们长大后就会产生很强的依赖心理，经不起困难和挫折的打击，遇到事情也会没有主见。

所以，家长要想让孩子早点自立，做一个能扛得住事情的人，就要对他们"狠"一点。

3

当孩子还不能完全生活自理时，父母给予孩子生活上的照料无可厚非。但是，父母应该明白，照料孩子的目的，不仅仅是为了孩子生活得舒适幸福，更重要的是在照料的过程中，让孩子逐步学会生活自理，进而掌握独立生活的能力。

如果父母只想让孩子生活舒适，把孩子的事情全都包办代替，不让孩子自己动手、动脚、动脑，那么，父母就等于把孩子的手、脚、脑都束缚了起来，这样做的结果只能是让孩子什么事都不能做，也不会做。将来孩子长大离开家庭，进入社会，没有独立生活能力，不但会给他们今后的生活带来诸多不便，还会影响他们的学习和工作，甚至有可能因为缺乏生活自理能力而葬送他们的前程。

父母在培养孩子自理能力的时候，一定要有耐心，不能怕麻烦。在孩子学习的过程中，父母一定要多表扬鼓励，帮助他们树立信心；少批评指责，更不可苛求和操之过急，以免挫伤他们的积极性。

比如，孩子的被子叠不好，可以反复教孩子；孩子不会刷牙，可以反复给孩子演示几次，并适当帮助；孩子衣服洗不干净，可以告诉他要重点洗衣领、袖口等容易脏的地方，需要多打肥皂……这样可以帮助孩子找到成就感。

有些父母,当孩子做事情动作慢时,索性自己代劳,把事情抢过来做;当孩子想表达自己的意见时,总是打断孩子的话头。这种不耐心会干扰孩子创造性的思考过程,使他变得沉默、依赖。

对于育儿,可以参考以下几点建议:

第一,对于年龄大一点的孩子,如果遇到感冒、发烧等不算很严重的病时,父母不妨让他们学着一个人去医院。没有了可依赖的人,他们就不得不自己完成挂号、找医生、付钱买药这个过程。在与医生、护士打交道的时候,其实他们就已经学会了在脱离父母的情况下,自己处理生活中的困难,也在不知不觉中提高了他们自立自强的意识。

第二,对于学校里组织的大小竞赛,比如书法大赛、歌唱比赛、数学竞赛、球赛等,家长应鼓励孩子积极参加,这样孩子的积极性会大大提高,在整个过程中,他们会自己为比赛做各种准备,并主动与老师同学沟通。积极参与比赛,不仅可以提高孩子的专业技能,还可以锻炼孩子独自思考问题、独自克服困难的能力。

第三,当班级组织春游或者辩论赛等集体活动时,父母可以鼓励孩子"主动请缨"当小组的组长或者领头人。小组的大事小事都需要"组长"来决定,这么一来,当孩子肩上扛着小组的荣辱使命,他们心里就会有些压力,从而不会想着去依赖小组的其他成员,而是思考着怎么管理好自己的队员,怎么为自己的队员们做好榜样。渐渐地,孩子就会形成坚毅、独立的性格,遇到困难也不会轻易放弃。

最好的"保镖"是孩子自己

$$\boxed{1}$$

儿子上六年级的时候,他的朋友舟舟来我们家找儿子玩,玩到将近九点才想到回家。我想打电话喊他父母来接,但舟舟说他自己可以回家。想着让老公开车送一下,但舟舟坚持说他自己可以。无奈之下,只能让他自己走,并叮嘱他回家给我们打个电话。

半小时后,舟舟妈给我打电话,半是惊吓半是欢喜地跟我说了这样一件事情。

九点的时候,舟舟走的这条小路上灯火都已经熄灭了,他一个人走在路上,突然感觉身后有一个黑影闪来闪去,他知道这个人肯定有什么企图,要不然不会这么鬼鬼祟祟。他迅速使自己冷静下来,分析现在离家还有一段距离,跑肯定会让对方追上。他想,既然逃不了,那就不逃了。于是,他干脆转过身,用非常惊喜的口气喊道:"爸爸,你还真快呢!"那个人没有说话。

舟舟装作不好意思地笑了笑说:"不好意思,叔叔,我还以为我爸爸追上我了呢!"那人心里有鬼,支支吾吾地说了点什么,便快步超过了他,逃走了。见那人走了,舟舟才感觉到自己有些腿软。

舟舟妈不住地说:"好险啊,多亏我儿子有自我保护意识。"

我连声道歉,也钦佩舟舟这孩子的机灵劲。

2

自我保护教育是素质教育的基本内容。学会自我保护是孩子进入社会、适应社会必须学习的第一课。

现实生活中,一些家长为了防止孩子遭遇危险和意外,习惯将孩子置身于自己的庇护之下,对孩子进行过度保护。其实,这是孩子成长中的一大障碍,是对发展中的孩子的一种伤害,家长的过度保护会使孩子的独立能力得不到良好的发展。

据有关调查显示,平均每年都有大约2万名14岁以下的孩子非正常死亡,有些父母过于为孩子的安全担忧,什么都不让玩,努力为他们营造一个没有危险的空间,实则却对孩子造成了最大的伤害。

作为父母,必须教会孩子学会自我保护。拥有自我保护能力才是避免一切伤害的终极办法,学会自我保护,孩子才能在人生风雨里所向披靡。

3

孩子遇到危险时,大脑可能处于一片空白。父母要告诉孩子,不要慌,让对方看到你的慌乱只会增加危险系数,所以一定要想办法冷静下来。保持冷静的头脑,才能更加从容应对对方的刁难。

父母每天在孩子出门前都要强调,注意车辆。"红灯停,绿灯行"是基本的交通规则,孩子一定要遵守,不要在马路上和别的小朋友嬉戏打闹,过马路时,要前后左右都看看,注意周围车辆的运

行。在马路上,不要跑,即便有车驶来,也要镇定,你慌,司机可能也
会慌。

有时候父母自以为安全的地方,也时时存在着危险,比如家和
学校。家里有电、厨具等,对孩子来说都是危险的,除了告诫孩子不
要触碰外,父母还应耐心地跟他们讲解使用方法,让他们对身边的
物件有所了解。在学校,告诉孩子和同学玩闹时要注意分寸,不能
一言不合就打起来,也不能拿小刀等危险物品刺向同学。

父母不能时时陪在孩子身边,所以还要跟孩子讲一些生存法
则,比如,走丢时如何寻找家长,火灾、地震来临时如何逃生,等等。

孩子在电视里看到过很多喊"救命"的场景,但在现实生活里,
孩子却不会喊。一是觉得丢脸,二是发生危险时,第一时间反应不
过来。父母应该告诉孩子喊"救命"是真的可以救命的。遇到危险,
在能够叫喊的情况下,喊得越大声越好,可以争取到最及时的救
援。但是,如果被不法分子挟持,他们让安静,孩子也要尽量配合,
但要想办法让其他人了解自己的处境,比如,丢些纸条、留下自己
的小物件等。

总之,作为家长,我们要想尽办法让孩子远离危险,教会孩子
准确识别危险,并在发生危险的时候保护自己。

尊重孩子的选择，孩子就会对自己负责

1

一位学者曾对一所中学的150名中学生的自主性状况做过一个调查。

学者的问题是："如果在学习和生活中遇到难题，一时解决不了，你会怎么办？"

被调查的150名学生几乎异口同声地回答："有困难当然是找父母解决。"而对于今后准备从事什么职业，90%的学生说要问过父母后才能决定。

试想一下，在这种环境下成长起来的孩子，怎么能在竞争激烈的社会中站稳脚跟呢？

因此，要想让孩子将来能开拓出更广阔的发展空间，父母就要从此刻起，把选择的权利还给他们。

孩子的成长是一个不断发展变化的过程。在成长道路上，孩子会遇到许多十字路口，随时都要面临选择。自主选择是一种能力，家长要注意孩子这种能力的培养，它建立在对自己负责的基础上。尽管有的孩子年龄尚小，但也有自己独立的人格，孩子们的事应该由他们自己决定。

2

我儿子在上中学时,遇到了一个不能轻易取胜的"对手"。

儿子从小学习围棋,而他的同桌刚好也是个围棋高手,他便想挑战一下同桌,比比两人的围棋水平谁更高。

刚开始,两人只是在下课时间"厮杀",有时沉迷于围棋战局,连上课都不知道。即使坐在课堂上,脑子里装的还是下棋,时刻都在盘算着棋路,制订自己的对策。发展到后来,两人连放学后的时间也用来下棋,把功课完全忘在了一边。因为长时间分心,儿子的成绩一落千丈。

老师发现儿子的学习成绩不断下降,经过了解,弄清了原因后,便把这个情况迅速通报给了我们。

我把儿子叫到自己的房间,平静地问道:"我知道你从小喜欢下围棋,我也给你报了围棋班,对不对?"

儿子起初担心我会责骂他,但见我和颜悦色地对他说话,便放下心来,点了点头。

"那么,老师反映的情况,是不是说明你不再喜欢读书了?"我又问。

"不,我当然喜欢读书。妈妈,你是知道的。"儿子争辩道,"我还打算长大后当科学家呢,我怎么会不喜欢读书呢?我只是想在围棋上赢了我同桌。"

"可是,人的精力和时间都是有限的。一个人只能专心做好一件事,要想把两件事都做好是很难的。你很喜欢下棋,想把棋下好,却把学习的时间浪费掉了。到头来,学习没跟上,棋也未必能下赢你同桌，这不是两败俱伤了吗？"我接着他的话引导。

"妈妈，你的意思是让我不要再下围棋了吗？"儿子有些失望。

我笑了，说："不是。我今天叫你来，就是让你自己做一个决定，你打算把精力和时间放在什么地方，是放在读书上，还是放在下棋上？现在就请你自己做出选择。不过，我要提醒你，一旦选择了，你就必须努力做好，并且彻底忘掉已经放弃的东西。"

儿子犹豫了半天，终于恋恋不舍地把围棋收进箱子里锁了起来，决定专心读书。

3

孩子只有从小学会独立思考，才能更具有创造力，长大后也才能更好地掌握自己的命运。作为父母，不能忽视对孩子独立能力的培养，一定要让他懂得如何去思考，这样，他才能为自己的人生绘出美好的蓝图。

在很多家庭的教育中，都存在"父母专制"的现象。他们认为，自己比孩子经验丰富，自己的判断、决定也是强于孩子的，所以孩子只要听他们的就行了，没必要参与讨论。

岂不知，这样下去，孩子凡事都会习惯性地依赖父母，只要按照父母说的做就行了，自己没有必要发表意见。久而久之，孩子独立思考的能力就会被扼杀掉。

在任何情况下，孩子都应当被允许表达意见，不仅仅是他可接受的、安全的话题，而且要允许他讨论、争论，这对孩子思考能力的发展至关重要。这样做，不仅能培养孩子爱思考的能力和习惯，还能促进家庭成员之间和睦相处，让孩子感觉自己在民主的气氛中成长,没什么拘束和压力。

由于成长的环境和一些先天遗传因素的不同,每个孩子都会有自己的兴趣爱好,如果父母硬要他们做自己不喜欢的事情,其结果往往适得其反。只有从小培养孩子学会选择、学会承担责任的习惯,等到他长大成人时,才能从容地面对生活,知道自己需要什么,知道怎么去选择适合自己的东西。

那些"孩子们的事情",就让他们自己解决吧

1

晚饭过后,儿子和我们到院子里打篮球。一到楼下,儿子看到球场上有一群伙伴在打羽毛球,就把篮球交给爸爸,兴高采烈地跑去伙伴的队伍了。

我们坐在空地上,一边聊天,一边看孩子们打球。

没过多久,我们远远看见孩子们好像发生了争吵,一个男生很激动地对着另一个男生比画着什么,另一个孩子还推搡了儿子一把。

老公想要上去干涉,我拉住他说:"先看看再说,小孩子的事情让他们自己解决。"

另一对父母没有我们那么沉得住气,做父亲的直接上去一把

拉出了自己的儿子，说："好好玩，怎么还动手了？"

小伙伴们看到大人来了，一溜烟就跑远了。这个爸爸扶起儿子说："别跟他们玩儿了，我们回家！"没想到小男孩却说："爸爸，你多管闲事干吗！明天他们肯定不理我了，以后他们可能也不会跟我玩了！"

这位爸爸本是好心阻止这场矛盾，结果两边都不领情。

其实，大人不应该介入孩子们之间的争执。孩子们在一起玩耍，难免会出现一些矛盾和摩擦。做父母的应该放手让孩子自己处理，相信孩子有解决问题和麻烦的能力。

而且，孩子自尊心极强，在某一方面，他们也极度渴望离开父母的怀抱做自己的事情。在这种情况下，父母要多给孩子一些空间，不要过多介入。

如果父母无法做到放手，让孩子永远活在自己的庇护下，长此以往，孩子在人际交往中会出现障碍——缺乏主见和独立解决问题的能力，这对孩子的心理健康是极为不利的。

2

那些在父母保护下长大的孩子，等到不得不独立生活的时候，才发现生活自理能力几乎为零。这是极其可悲的，也是父母教育的失职。

我大学有个同学叫张丰，从出生起就是家里的掌中宝，无论他到哪儿，家人都会把他照顾得无微不至。

他的学习成绩一直名列前茅，深受老师同学的喜爱。在他学习的路上，父母也付出了很多，为了让他能够集中精力学习，除学习之外几乎所有的事，父母都会替他完成。饭会端到他手里，衣服会为他洗好，每日的穿搭也由父母一手安排，要去什么地方，父母会为他安排好车辆。他过着"饭来张口，衣来伸手"的生活，除了学习，他没有任何生活困扰。所以，直到成年，简单的洗衣、做饭、收拾房间、买东西等基本的生活技能，他都不会。

高考之后，张丰以班级第一的优异成绩，考上了北方的名校，那是他梦想中的学校。九月，兴奋的张丰在父母的护送下到学校报名，并住进了学校宿舍，大学生活就此拉开了帷幕。父母离开后，张丰感到了极大的失落和忧伤，不再有人给他端饭，也没有人给他洗衣服，他什么都不会，甚至找不到去上课的教室。为此，张丰越发苦恼，每天都闷闷不乐，难以适应校园生活。

张丰不愿向父母倾诉这些困难，害怕家里人担心。他一直压抑着内心的苦闷，他觉得生活太难了，自己根本无力承担。后来，张丰患上了抑郁症，当老师和同学发现他有抑郁倾向后，给他办理了暂时休学，他回到家经过大半年时间的修养后才慢慢好转。再后来，经过很长一段时间，张丰才找到生活的意义所在。

3

家长要记住，过度照顾会破坏孩子自我意识的良好发展，使孩子缺乏独立性，直接影响到孩子适应社会的能力。

家长应该相信孩子有解决困难和冲突的能力，放手让孩子自己处理事情，这样，孩子的独立性才能得到锻炼，他以后的人生路也才能走得更轻松一些。

做家务，要从小抓起

1

同事的女儿张晓满13岁了，开始懂得追求漂亮了，最直接的表现就是她换衣服的频率越来越高，这直接加重了她妈妈的负担。于是，妈妈决定找她谈谈。

妈妈说："宝贝，妈妈工作很忙，你已经13岁了，可以为妈妈分担些家务，做一些自己的事情。以后，你的衣服要自己洗，如果你忘记了，那就只能穿脏衣服了。"张晓很痛快地点了点头。

一周过去了，妈妈发现洗衣机里塞满了张晓的脏衣服，她很生气，于是很严厉地批评了张晓，张晓答应妈妈下次不会忘了。

接下来的一周，张晓还是没有洗，脏衣服更多了，洗衣机里已经放不下了，它们都堆在张晓屋里，几乎占了一地，最严重的是，张晓已经没有几件干净衣服可以换了。妈妈决定对此置之不理，借此好好教育一下张晓。但张晓有她的应对办法，她从脏衣服堆里捡出稍微干净的衣服继续穿，就是不肯自己动手把它们洗干净。

一几周过去，张晓终于再也拣不出一件能穿的衣服了，而妈妈的态度丝毫没有改变，张晓没办法，只好把衣服一件件洗干净。

此后，张晓的衣服都是由她自己来洗，她发现，洗衣服并没有她想象的那么难，后来，张晓甚至渐渐开始帮妈妈做其他的家务了。

美国哈佛大学曾对一个地区的400多名儿童做过一项长期的跟踪调查,结果发现,爱干家务的孩子和不爱干家务的孩子相比,长大以后的失业率为1:15,犯罪率为1:10。爱干家务的孩子平均收入要高出20%左右,他们的离婚率、心理疾病患病率也相对较低。

做家务是孩子获取劳动机会的最简单的方法,家长要鼓励孩子多做家务。五六岁的孩子已经到了能够自立的阶段,鼓励他参与做家务,能让他更爱这个家,使他学会承担责任、自理生活和独立思考。

做家务看起来似乎只是简单的重复性动作,但让孩子先从和自己相关的事情做起,再扩展到为家人服务,渐渐地,孩子便会产生一种责任感。

此外,在做家务的过程中,孩子还能获得自信心和成就感。虽然年纪还小,不能做得很完美,但在练习的过程中,孩子会发现自己有能力完成很多事,从而获得自信。

做家务的过程,其实也是培养孩子正确的劳动态度的过程。让孩子热爱劳动,不能只靠理论说教,最主要的还是要通过孩子自身对劳动的体验而产生。对孩子来说,劳动实践是学习知识、了解社会的重要途径,孩子日常的家务劳动锻炼正是难得的学习机会,如果在他的记忆中只有书本知识,而没有运用这些知识指导实践的体会,就很难激发他进一步的求知欲望和热情。

通过和父母一起承担家务劳动,还可以让孩子知道:只有通过自己的劳动,才能享受真正的人生,享受真正的生活,才能体验到创造的快乐。

2

许多家长都认为只要学习好了,将来就能出人头地,别的什么活都不用孩子来干。他们给孩子报各种各样的补习班,碰到老师开口问的是:"我的孩子学习怎么样?""排在第几名?"很少有人过问孩子的自理能力、劳动态度。

让孩子做家务这方面,哪个国家的父母最热忱呢?答案是,日本。日本的"厨房育儿"是日本儿童最时髦的休闲活动。日本儿童最热门的游戏场所不是游乐园,不是运动场,而是厨房;百货公司家电部门最当红的是"儿童专用厨具";电视台叫座的节目是NHK的《儿童烹饪》。

那么,日本为什么会兴起教孩子干家务的风潮呢?

这股风潮的兴起来自社会各界的推波助澜,包括幼教界、媒体、社会学家、烹饪学校及儿童产品厂商,他们都在大力鼓吹做家务对小朋友和家庭的好处。它不仅能让孩子们明白劳动的重要性,还能享受到劳动带来的乐趣。到了周末,中国的年轻家长们不妨学学日本人的做法,让我们的孩子也"攻占"一下厨房。

在德国,人们早早就意识到劳动对孩子的重要性,他们甚至把孩子的劳动义务写到了法律法规里:6~10岁的孩子要帮助父母洗餐具、收拾房间,到商店买东西;10~14岁的孩子要在花园里劳动、洗餐具,给全家人擦皮鞋;14~16岁的孩子要擦汽车和在花园里翻地;16~18岁的孩子要完成每周一次的房间大扫除……反正就是要求孩子必须帮助父母做家务。

让孩子做家务是普遍现象,比如,在美国,孩子每天的家务劳动时间是1.2小时,在韩国和英国,分别是每天 0.7 小时和 0.6 小时,在法国是 0.5 小时。在中国呢?据统计,孩子每天家务劳动的时间连 0.2 小时都不到,只有短短的 11 分钟!

"做家务事"是每个人最低限度的生活能力,也是增进家庭生活情趣、建立儿童人际关系的基础。日本人认为,能处理得好家务事的男人,人际关系绝对不会太差,会做家务的人更自信。能做家务事,做好家务事,是一门需要从小培养、学习的生活艺术。

3

教孩子做家务要从小抓起。

孩子小的时候,许多父母总是舍不得让他一起参与家务,等到孩子大了,想让他干,他却不愿意干了。追根究底,就是没让孩子在小时候养成良好的习惯,或是过去总是在父母的催促中完成指定工作,毫无乐趣可言,这样不美好的体验导致孩子不爱做家务。

父母让孩子做家务时,不要让孩子觉得是一个不得不服从的命令,要让他们体验到劳动的乐趣和快乐。刚刚满周岁的孩子,可以给他碗和勺子,让他自己吃饭,指引他帮忙拿东西,自己玩的玩具教导他要放回原处;2岁的孩子可以让他自己洗杯子,擦桌子,将垃圾丢进垃圾桶内;3岁的孩子能跑能跳、能说会道,此时,可以让他们吃完饭后自己清理桌面,自己穿衣穿鞋等。

当然,父母对孩子做家务的要求,要视孩子年龄、体力、认知程度等实际情况而定。比如,你不能让一个3岁的孩子去做饭,他最多只能帮忙端端小盘菜;孩子身体不适时,父母要及时意识到,尽量不要让孩子做家务。

还有,家长与孩子一起做家务时,要接受孩子的"添乱"。他可能不会好好帮忙,反而越帮越忙,此时,家长不要破口大骂,口气要温和,耐心地扭转孩子的行为。在孩子做家务时,要保证孩子的安全,不要让孩子去拿那些可能会让他受伤的东西。无论孩子做得如何,都不要忘了给孩子鼓励和表扬,让孩子知道自己所做的一切都是有意义的,而且真的帮到了父母。

此外还要注意,父母在做家务的问题上也要态度端正,不能母亲在辛苦操劳,父亲却在一边抽烟看电视。

其实,孩子比你想象的要能干得多

1

我认识一位母亲,因为工作忙碌,一直不在儿子身边,都是奶奶帮着带孩子,结果等母亲调回这座城市,回到儿子身边,发现5岁的孩子一副"饭来张口,衣来伸手"的样子,连鞋带松了都喊奶奶来给他系上。

她看到这个场景,决定培养儿子的独立性。

一天,她给了儿子10块钱,嘱咐儿子在小区的超市里买一把香菜,剩下的钱可以去买根冰棍,算是对他的奖励。

儿子从来没办过这样的事,捏着10块钱不知所措。此时,奶奶忙说:"算了算了,还是我去吧。"妈妈坚决地说:"不行!"接着,她告诉儿子,自己像他这么大的时候,都能帮家里买酱油了。她的一番鼓励,终于让孩子产生了跃跃欲试的想法。

做通了孩子的工作,看着孩子离开的身影,母亲和奶奶一边庆幸,一边担心。庆幸的是孩子长大了,能帮自己做事了;担心的是,害怕孩子出现危险。

等了半天,孩子还没回来,母亲就跑出去寻找孩子。刚出楼道口,便看到了儿子小小的身影,他左手提菜,右手吃冰棍,笑眯眯地回来了。

母亲高兴地夸奖孩子能干,儿子也颇自豪地向母亲叙述了买菜的经过。

原来,他胆子小,在楼下遇到了一个认识的姐姐,就让这个姐姐陪他去买了。

"这孩子还真有办法,自己胆子小,倒是会找陪同。"奶奶也放下了悬着的心。母亲更是高兴,虽然不是儿子单独完成的这项工作,但她依然觉得儿子很棒,毕竟是第一次帮父母去买菜,以后多锻炼会更好。

由此可见,父母有时候大可不必过分担心自己的孩子,更不可低估了孩子的能力,孩子自有他的办法。只要告诉孩子必要的安全知识,大可放手让孩子自己去做一些力所能及的事,早一点体验独立的生活。

2

婷婷小学毕业了,她是家里的独生女,她妈妈总是把她的生活事无巨细地安排得十分周到,但婷婷却对妈妈的劳动不屑一顾,她总是不耐烦地说:"妈妈,你烦不烦?"

妈妈想,那不妨创造一个机会,看看她到底行不行。于是,在一个周末,爸爸出差之后,妈妈给婷婷打电话说:"妈妈周末出差,希望你能照顾好自己。"然后又叮嘱了一些安全事项,包括煤气和水电。

妈妈走后的第一天,婷婷开心极了,没人烦自己,她终于可以尽情玩耍了,结果把房间搞得天翻地覆。

第二天,她醒来一看,房子里乱糟糟的一片,心想,不能再这样疯玩了,妈妈回来要骂的,还是把房间打扫干净了再玩吧。

当婷婷把房间打扫干净之后,她身上的衣服全弄脏了,于是婷婷又将脏衣服换下来洗干净,这么一折腾,她肚子也饿了,看看冰箱里还有鸡蛋和剩饭, 就学着妈妈平时的方法做了蛋炒饭。吃完后,她觉得房子这么干净,厨房不打扫也不行,于是洗了碗,顺便还擦了煤气灶。

正在此时,妈妈回来了,当她看到整洁的房间和女儿时,突然间觉得自己很无知:"原来,孩子是具备独立做事能力的。看来,以后要多给孩子创造独立做事的机会。"

3

父母只需像朋友一样站在孩子的身边，做他的参谋和启蒙老师，但最终的决定权一定要交到孩子手上。当发现孩子的一些决断明显欠妥当时，父母可以在与孩子共同探讨的过程中，让他认识到自己的问题，然后再让他调整自己的决定。

需要注意的是，如果父母在孩子没做好事情时责罚他，这是一种不明智的做法。父母经常这么做，会扼杀孩子自主做事的积极性，让孩子畏缩不前，不敢尝试。

第五章

允许孩子犯错，
但要孩子学会为错误买单

每一个"破坏王"的背后，都有一个"真相"

1

儿子4岁的时候，有一天把牛奶倒进了金鱼缸里，导致金鱼全都死了。等我下班回家，见到一缸已经毫无生气漂着的死鱼，当即怒火中烧。

看到鱼缸旁边的牛奶瓶，我知道是儿子做的，便敲了敲儿子的门，想要责问他。还没等儿子开门，就听到了儿子的哭声。我努力让自己的心情平复下来，然后推开了儿子的房门，走到儿子身边，为他擦干了眼泪。随后问道："安安，你能告诉妈妈为什么要往鱼缸里倒牛奶吗？"

儿子怯怯地回答："你不是天天都跟我说喝牛奶可以长高高吗？牛奶最有营养,我也想让金鱼长得大一点,所以就把自己的牛奶分给它们喝了。"

听了儿子的话,我转怒为喜,原来不是儿子在恶作剧,是自己错怪儿子了。我不再为金鱼的事生气,但我要告诉儿子,金鱼不喜欢喝牛奶。

第二天,我特意买了几条小鱼回来做实验。小鱼在倒了牛奶的水里行动迟缓,一换上干净的清水,它们便快乐地游了起来。

经过实验后,儿子终于明白了不能给鱼喝牛奶,它们需要的不过是清澈的水。

现在想来,还好当时的自己没有因为愤怒失去理智,金鱼虽然不能活过来了,但儿子却从这一次的"破坏"中学到了生活经验和常识,这会成为他未来生活的财富。

"破坏"是孩子成长过程中常会出现的现象,虽然每个孩子所展现出来的"破坏"状况、程度不相同,但每一次"破坏"行为的背后,一定都有一个"真相"。

2

有人说,孩子天生就是个创造者,因为他们活泼好动,不被各种规矩所牵制,敢于打破常规,不按照成人的模式去思考,所以他们也常常能创造出与众不同的奇迹。孩子的创造力是可遇而不可求的,在孩子成长的过程中,父母如果不能给予足够多的支持和帮助,孩子的创造力也很容易被无情地扼杀。

爱迪生小时候是出了名的"捣蛋鬼"。他曾把一个实验室炸毁；曾坐在几个鸡蛋上面学着母鸡的样子孵小鸡；曾把一种名叫"沸腾散"的泻药让邻居家的小孩吃下去，以为这样，那个小孩的肚子里就能像沸腾的水一样冒气，有了"气"以后，他就会像气球一样飞到天上去，结果差点闹出人命……

很多父母都希望孩子"听话"，可"听话"真的那么重要吗？当父母把"听话"作为要求孩子的第一准则，不得不说，这可能是教育的一大悲哀。

很多父母常常抱怨说："家里的东西都被孩子搞坏了，手机一到他手上屏幕就碎了，没事就喜欢敲打电视机、摔玩具，破坏力太强了，弄得家里都不敢随便放东西。真不知道孩子的心里是怎么想的。"

生活中，许多孩子都喜欢拆卸自己的玩具和家里的小物件，这经常让妈妈感到头疼，有时还可能会因此而批评孩子。其实，孩子爱搞"破坏"是天性，而且孩子喜欢"破坏"也是创造力萌芽的一种体现。他们对身边的各种陌生事物都充满了新鲜感和探索欲，如果家长能合理利用孩子的这种天性，多方引导、鼓励，将有利于孩子的大脑发育及日后处事能力的提高，更重要的是，能从小培养孩子浓厚的求知欲望和创造激情，为其今后的成长奠定基础。

面对孩子的"破坏力"，父母要有宽容的心态，千万不要责骂甚至体罚孩子，也不要说"以后不会再给你买玩具"这样警告和威胁的话。有时候，家长的批评很可能会扼杀孩子可贵的探索精神。不如加入孩子的探索中,努力和孩子一起复原被拆坏的东西,让孩子了解破坏的后果,并带领孩子从"破坏"中寻找答案。

3

给孩子一片"破坏"的天空,孩子的"破坏"损失的只是可估量的价值,而带来的却是让孩子一生受用不尽的财富:思考、创造和智慧。

现在,无论你是否认可"让孩子犯错"这种教育观念,至少希望你能以一种宽容、平和的心态去面对孩子的错,至少应该知道孩子偶尔因好奇心犯下的错并不可怕,值得原谅。

我国著名教育家陶行知先生有这样一句耳熟能详的名言:"在你的嘲笑里有爱迪生,在你的责骂中有爱因斯坦,在你的教鞭下有牛顿。"

法国作家罗曼·罗兰说:"人生应当做点错事。做错事,就是长见识。"

意大利的朗根尼西也说:"不要给我忠告,让我自己去犯错。"

一个人怕犯错,就是畏惧现实;一个人想逃避犯错,就是逃避现实。一个教育者不允许孩子犯错,就是不允许孩子成长。人类历史上,成功者所犯的错误往往要比失败者多得多。

教孩子每次只做一件事

1

有一个画家,他上学的时候非常淘气,他觉得自己很聪明,就算不上课也能通过考试,与其在课堂上浪费时间,不如做些其他感兴趣的事情。有一次,他连续旷课好几天,结果被学校给予了严厉的记过处分,并通知了父母。

父亲在得知此事后,十分冷静,并没有像其他父母一样,把儿子狠狠地打骂一顿,而是给儿子上了一堂深刻的课。

父亲找来一个塑料小漏斗和一捧绿豆、几粒种子。

他疑惑地看着父亲,父亲说:"我给你做一个试验。"父亲让他把双手放在漏斗下面接着,然后自己捡起一粒种子投入到漏斗里,种子顺着漏斗的口子落到了他的手里。父亲连续投了10次,他的手中就有了10粒种子。然后,父亲再抓起满满一把绿豆投放到漏斗里面,那个小小的口子被挤在一起的绿豆堵住了,他一粒种子也没有抓到。

画家十分惶惑,不懂实验背后父亲的深意。随后,父亲解释道:"这个漏斗就代表着你,假如每天你都做好一件事,那么,每天你就会有一粒种子的收获和快乐。可是,如果你想把所有事都挤到一起来做,反而连一粒种子也收获不到。"

听完父亲的解释,他想起自己旷课的举动,突然明白了父亲的用意,羞愧地低下了头。从那以后,他一直铭记父亲的教训:"每天做好一件事,每天就会有一粒种子的收获和快乐!"

2

在孩子的学习过程中,最大的"敌人"就是注意力不集中。而这种"注意力不集中",一方面是孩子本身的原因,另一方面也是家长让孩子同时做几件事情造成的。比如,孩子在写作业的时候,家长时不时让孩子做家务;孩子还没有洗完自己的衣服,家长又吩咐孩子要把垃圾扔掉;孩子还没有走出家门去买酱油,家长又让孩子帮忙洗菜等。

只有让孩子在小时候先形成一种专注的习惯,日后他才能在做事的时候不被其他事所干扰。

因此,家长要及时培养孩子做事专注的习惯。而每次只让孩子做一件事,是培养孩子集中注意力最有效的方法。

3

一天,儿子在书桌上写作业,我的朋友来家里做客。儿子想和这个阿姨玩,我跟他说:"先把作业做完再来玩。"

于是,儿子只能乖乖地坐在座位上,没精打采地写写画画。

看到儿子并没有心思做作业,我便对他说:"安安,你去房间把妈妈昨天晚上买的书拿出来给阿姨看看。"听到我的吩咐,儿子起身去房间取了书交给我们。

没过多久,我又让儿子去洗水果、拿点心、倒茶等,安安不断地周旋于我的种种吩咐下。我的朋友说："你儿子好懂事！"我听了心里也很高兴。

等朋友走后，我开始检查儿子的作业，发现他很多题目都没有做完，我就训斥道："怎么写个作业这么慢？"

听到我的话，儿子委屈地说道："我一直在帮你的忙，哪里有时间做作业啊！"

儿子的话让我无法反驳。

很多家长都有一个"通病"，就是在孩子还没有做完一件事情的时候，就急于给孩子安排其他事情。由于孩子的自我安排能力差，在面对家长诸多要求时，往往不知道要先做哪一件，他们经常手里做着一件事情，心里又想着另外一件事情，这样会使孩子的注意力不集中。所以，家长一定要等孩子做完一件事情后，再来安排另外一件事情。

很多孩子在写作业的时候，会有和家长或其他小朋友说话的习惯，这样会分散孩子的注意力。因此，家长在孩子写作业的时候，要闭上自己的嘴，拒绝回答孩子无关学习的问话。在孩子写作业的时候，家长可以安静地干自己的事情，避免在孩子面前谈论有关他人的话题。如果孩子在做某件事的过程中出现了错误，家长切记不要因为急于纠正孩子的错误而打断他，应该等到孩子忙完手里的事情后再去纠正。

家长也可以给孩子一个闹钟，为他定好时间，让其在规定的时间里完成作业。如果孩子在闹铃响之前已做好作业，那么家长也可以给孩子一些奖励，比如，让他多看一会儿动画片，允许他出去玩等。

培养孩子的时间管理能力

1

本田宗一郎生于日本静冈县一个贫穷农家。在日俄战争结束后,他的父亲弃农开了一个自行车修理铺,以修理自行车和打造小农具为业。

由于家中孩子多,经济又困难,宗一郎很小便开始帮父亲干活,有时候帮忙拉风箱,有时是在作坊间捡拾铁片。他看到父亲用灵巧的双手打出锄头、犁耙和小农具,感到好奇又好玩,便用捡到的铁片学着父亲敲打,做成各种小玩具,送给弟弟妹妹玩。

宗一郎看到打铁的父亲累得满头大汗,脖子上挂着的毛巾也被汗水浸湿了,觉得十分心疼,便问道:"爸爸,你不能慢慢地打吗?"父亲严肃地说:"要是慢吞吞地打,铁坯冷却了,就不能打成农具了。做什么事,都要讲究速度,要快。"宗一郎若有所思地点了点头。

一次,他见到父亲把三块烧红的铁坯放在铁砧上,不停地轮番敲打。宗一郎好奇地问道:"爸爸,为什么三块铁要一起打呢,如果一块一块地打,就不紧张了,也不会这么累了。"

父亲回头看了他一眼,温和地告诉他:"这几块铁坯体积小,可以放在一起打,能够一起打的铁,就不要分开去打,这样,既节省时间又多出活儿。你要记住,做工作要多动脑筋,能够集中干完的活儿不要分开去干，这样可以节省时间。当天的活儿要当天干完，每天都会有新的工作。"

父亲的话深深地印刻在了宗一郎的脑海里。直到后来，他创办本田技术研究工业总公司，也一直把高效、高速贯彻始终，并作为本田公司的传统，一代又一代地传承了下去。

著名的物理学家爱因斯坦认为，人与人之间最大的区别就在于怎样利用时间。

我们每个人出生时，世界送给我们最好的礼物就是时间。不论对穷人还是富人，这份礼物是如此公平，一天都是24小时。每个人用这24小时来经营自己的生命，有的人很会经营，一分钟变成两分钟，一小时变成两小时，一天变成两天……这样的人用上天赐予的时间做了很多事，最终换来了成功。

2

很多妈妈都体会过小孩子的拖拉，并且头疼不已。

我儿子上幼儿园那会儿，早上6点钟，我叫他起来，到了6点20，我把早饭都弄好了，他才穿好一件上衣，我火大地把他"拎"起来，快速给他穿裤子、袜子，然后挤好牙膏、倒上洗脸水，让孩子刷牙洗脸。

6点40分，我大喊："安安，你刷牙是把牙齿都拔下来刷的吗？怎么那么慢？"一看，他正拿着儿童牙膏在玩。我夺下他的牙膏，把他拉到桌子前叫他吃饭。不料，他拿着一块面包，咬一口后看见了旁边的玩具，就离开饭桌拿着玩具玩了起来，我急忙又去夺他的玩具。这样一番"战争"下来，他一块面包整整吃了15分钟。

眼看着孩子要迟到了，我只好把早餐奶放进孩子的书包里，急忙送孩子上学，刚到学校，上课铃声就响了。

我很生气地说："安安，妈妈最不喜欢你拖拉！我头都疼死了！"

没想到他奶声奶气地说："妈妈，我也不喜欢你老说'快快快'，我也头疼死了！"说完还"咯咯"地笑了起来。

磨蹭、拖拉对孩子的危害很大，它会消磨孩子的意志和进取心，让孩子变得懒惰、颓废、得过且过，这样就容易导致失败，而这个失败的结果又会使孩子情绪消极，从而更加不想立即行动。在这样的恶性循环中，成功也会远离孩子。

孩子做事拖拉，多源于家庭教育环境的影响和良好教育方式的缺失。对于做事拖拉的孩子，不少家长总是心急如焚，一味地批评，甚至打骂孩子，这绝对不是好方法。孩子的慢性子不是天生的，所以我们一定要对症下药，用耐心和爱心帮助孩子逐步改正，不要操之过急，要注意总结方式方法，不断提高孩子的做事速度，进而帮孩子改掉拖延的坏习惯。

3

一天24小时，睡觉休息占去10小时，三餐2小时，也就是说，每天最多只有12个小时可自行安排。时间对每个人都是宝贵而有限的，所以，家长应该让孩子有时间意识，让他们懂得珍惜时间，并学会合理安排自己的时间。

为了帮孩子建立起时间观念，家长可以给孩子买手表，让孩子自己挑选喜欢的样式，告诉他要珍惜时间。当孩子做某些事的时候，家长可以用时间来帮他们做计划，如"再过5分钟就吃饭了""玩游戏可以，但你只能玩30分钟"等，这样可以经常让孩子"听"到时间。不断地提醒，可以让孩子感受到时间的存在，帮孩子建立时间观念。

每个人都有自己的黄金时间，孩子也是如此。孩子在哪个时间段比较清醒，精神比较好，学习效率比较高，父母就可以在那个时段安排孩子学习和思考，这样可以提高学习效果，让孩子学到更多知识。

父母要有意识地帮助孩子充分利用一天的时间，比如，在卧室和洗手间都贴上一些单词卡片、古诗词、数学公式和概念等，还可以为孩子准备迷你笔记本，让孩子在公交地铁上翻翻看看，告诉孩子不要小看零碎时间，积少成多，可以学到很多东西。

孩子小的时候，需要按着家长的时间走，当孩子稍大一些了，就可以让他们自己来安排时间。成长到一定阶段，孩子会希望有自己的生活空间，此时，家长要做的就是放手，尽量让他们自己来管理自己的时间。家长可以提建议，但不要干涉孩子支配自己时间的自由。只有让孩子学会自己安排时间，孩子的时间管理能力才能得到锻炼和提高。

犯错不可怕，可怕的是为错误找借口

1

美国著名政治家本杰明·富兰克林，从小就是一个贪玩的孩子，他经常和小伙伴们到波士顿郊外的一个池塘去钓鱼。那儿的水边有一片深深的泥塘，有鱼上钩的时候，他们必须站到泥塘里才能抓住它们。

一天，孩子们都站在泥塘里抓鱼，其中一个同伴抱怨道："站在泥塘里太难受了，我的鞋每次都被弄得一塌糊涂。"

"我也是！"别的孩子附和道，"如果能换个地方就好了！"

在泥塘附近的一块空地上，有许多用来建造新房地基的石块。小富兰克林爬到石堆高处说道："站在泥塘里太难受了，泥浆都快淹到我的膝盖了。我有一个好办法能让大家既钓到鱼，又不必泡在泥坑里。你们看到这些石块了吗？只要把这些石块扔到泥塘里，我们就可以踩着这些石头钓鱼了，大家说怎么样？"

小伙伴们一致赞成富兰克林的办法，他们决定当晚再次聚到这里开始他们伟大的计划。在约定的时间里，孩子们都到齐了，他们开始搬运石块，最终在泥塘边上建成了一个小小的"码头"。

然而，第二天早晨，当工人们来做工时，他们惊奇地发现所有的石块都不翼而飞了。四处寻找之后，工头才发现那些用来盖房的石块全被扔在了那个泥塘里。工头非常生气，立即跑到地方法官那儿去报告。法官下令调查案件,找到偷石头的家伙。

富兰克林的父亲得知这一事件后非常生气,他带着自己的儿子向工头道歉,并说愿意为自己儿子的行为向主人赔偿。富兰克林的父亲是一名很有声望的绅士,工头看到对方如此诚恳,便原谅了富兰克林。但是,富兰克林的父亲坚决要求孩子和自己一起,将扔在泥塘里的石头一块一块地挖出来,再放回原地。

石块放回原地之后,父亲严厉地对富兰克林说:"你要记住,犯了错误就要勇于承担责任,自己要对自己的行为负责。"

富兰克林牢牢地记住了父亲的训斥,他一生都无法忘记他和父亲的那次谈话。在他以后的人生道路上,他始终坚持着父亲教给他的原则。后来,他成为美国最杰出的政治家和外交官之一。

一个人,只有勇于承担自己的责任,他的所作所为才能变得伟大而且值得称颂。

2

儿子小学的时候,有一次期中考试,语文成绩考得不是很好。

老公生气地说道:"安安,你的语文一向很棒,怎么这次考得这么差?"

儿子害怕爸爸的指责,于是眼睛一翻,找了个借口说道:"考试前我没有睡好,所以影响了发挥。"

我对儿子说:"你的试卷我已经看过了,你错的题目并不是你不会,而是你不够努力。诗句填空题,你只要用心背一下就能得分,但你这次肯定没背。安安,考得不好没关系,但你要正确认识到错误的原因,而不是为自己胡乱找借口开脱。"

被我一眼看穿,儿子低着头说道:"我这次确实没有好好复习,我以为这些题目上次考过了这次不会再考,就没有再去复习。"

老公摸了摸儿子的头,说道:"认识到错误就好。安安,你要记住,永远不要为自己没有做好的事找借口,要勇于负责,找到出错的原因。那样,你才能越做越好。下次记得做完后,再多检查一遍,充分利用好时间,不要急着交卷。"

因为害怕被责骂,所以为自己找了很多借口推脱,这是人性的弱点。父母要告诉孩子,做错事,不愿承担责任,一味地逃避,并不是解决之法。

勇敢地承认错误、承担责任是一种可贵的品质,也是孩子不断进步、健康成长的性格基础。几乎所有的成功者都具有面对过错、敢作敢当的优秀品质。孩子敢于承认错误、担负责任,才能从中吸取教训,不再犯同样的错误。这样,孩子在人生的旅途中才能不断前进。

3

很多父母不知道如何去教育犯了错误的孩子,若对其不闻不问,担心孩子会因此学坏;若严加处罚,又怕伤害了孩子。古人说:"人非圣贤,孰能无过?过而能改,善莫大焉。"错误对任何人来说都是不可避免的,它将伴随人的一生。孩子犯错并不可怕,关键是父母要教育孩子勇于承认,并及时改正。

父母应该重视每一件小事,不能因为事情很小而纵容孩子。实际上，任何一个小错误都有可能引起严重的后果，造成不可挽回的损失。所以，面对错误应从"小错"开始承担。比如，孩子说了一句脏话而不加以引导纠正，久而久之，他也许就会养成粗鲁、暴躁的性格。

此外，父母要以身作则，为孩子树立知错就改的模范。如果父母犯了错误不敢承认，文过饰非，又怎么要求孩子面对过错勇于承担呢？

总之，孩子犯了错，最好的教育就是让他承担起责任，以负责的态度尽快弥补过失。有时候，处理得当还能带来意想不到的效果，很可能因此而成就孩子的一生。

让孩子为自己的选择"买单"

1

丝兰是个8岁的小姑娘，虽然才上小学二年级，但是爸爸对她的教育非常严格，从小事到大道理，爸爸都一而再、再而三地和她说，希望她能负起自己的责任。

有一次，爸爸和她说要为家人负责任，丝兰问爸爸："爸爸，什么是对家人负责任啊？"

爸爸告诉丝兰："帮家里做一些力所能及的事情，就是一种为家人负责的表现。比如，帮爸爸妈妈擦鞋、帮妈妈做家务……"

听了爸爸的话，丝兰积极地说道："从明天开始，我要帮妈妈洗碗。"

爸爸很高兴,对丝兰说:"说到一定要做到,才是好孩子哦。"

丝兰对爸爸说:"没问题。"

可是第二天,爸爸回家的时候却发现,家里人已经吃完晚饭,妈妈在洗碗,丝兰却在看动画片。不满丝兰食言的爸爸让妈妈放下碗筷,让丝兰停下看电视去洗碗。正看在兴头上的丝兰自然不愿意,见此情景,爸爸严厉地批评了丝兰。丝兰只好停止看动画片,边流泪边洗碗。自此,丝兰终于明白了什么叫对自己的言语负责。

很多孩子之所以会养成说话不算数的坏习惯,和他们从小不懂得对自己言语负责有着密切关系。所谓对自己的言语负责,是指要孩子明白,自己说过什么,就一定要做到什么。

让孩子对自己的行为负责,不仅有利于孩子认识到自己的错误,还能培养孩子的责任感,对提高孩子的抗挫折力非常有帮助。因为孩子在负起责任的同时,能感受到凡事应该用自己稚嫩的肩膀去承受,这正是很多孩子所缺少的。

2

柔柔是儿子的小学同学,她看到班上有很多朋友都在学吉他,便想要妈妈也给自己买一把吉他。

可妈妈害怕柔柔是三分钟热度,便没有立刻答应,她想看看柔柔是不是真的喜欢学吉他。

在接下来的几天里,柔柔一直嚷着要买吉他。拗不过柔柔的纠缠,妈妈最终决定给她买一把吉他,不过在购买之前,妈妈和柔柔协商了一下,决定用柔柔的压岁钱购买,如果不够,妈妈再用自己的钱补上。

为了得到吉他,柔柔想都没想就答应了。

到了周末,妈妈带着柔柔去商店买了她梦寐以求的吉他,可是,柔柔在学了一周之后发现,弹吉他并不是一件轻松的事情,渐渐地,她就对吉他失去了兴趣。

后来,她竟然要赖,想让妈妈将她的压岁钱还给她。

对于这样的要求,柔柔妈妈严词拒绝,并且告诉柔柔,要对自己的言语负责。她现在不仅拿不到压岁钱,还得好好练吉他。

至此,柔柔后悔不已,但让柔柔妈妈欣慰的是,此后,柔柔在购买东西的时候学会了思考,因为她记住了妈妈的那句话,要对自己的言语负责。

每个孩子都会有自己的想法,这些想法有对也有错。但很多孩子在有了错误的想法之后,并不知道自己的想法是错误的,乃至一错再错。要避免出现这种情况,比较有效的方法是当孩子第一次出现错误想法的时候,家长就要让孩子对自己错误的想法负责。

3

责任心是一种重要的品质,对孩子来说,只有具备强烈的责任感,才能自觉勤奋地学习知识和技能,长大后才能更好地融入社会。

让孩子自己收拾玩具是培养孩子责任心的第一步。孩子喜欢玩玩具,却不考虑到处乱扔玩具带来的后果。让孩子自己收拾玩具,不仅可以让他知道要承担自己的责任,还能帮孩子养成做事有条理的好习惯。

孩子年龄小,对父母讲的一些大道理并不能很好地理解,对故事却更容易接受。因此,家长可以多给孩子讲些与责任有关的故事。

有一个11岁的美国男孩踢足球时,不小心打碎了邻居家的玻璃,邻居向他索赔13美元。

那是在1920年,当时13美元可是笔不小的数目,足可以买125只生蛋的母鸡。男孩没有办法,只好去向父亲承认错误,请求父亲的帮助。然而,父亲却说,男孩必须对自己的行为负责。

"爸爸,我没有那么多钱赔给人家。"男孩非常为难。

"我可以借给你。"父亲拿出13美元,"但一年之后,你必须还我。"

于是,男孩开始了艰苦的打工生活。经过半年的努力,他终于挣够了13美元,还给了父亲。

这个男孩就是美国总统里根。他在回忆这件事时说:"通过自己的努力来承担过失,使我懂得了什么是责任。"

父母可以通过这个故事,告诉孩子,所谓对自我负责是指对和自己有关的事情负责,比如,对自己的行为负责、对自己的言语负责、对自己的安全负责……只有孩子懂得自我负责,才能懂得对他人负责,对这个社会负责。

家长可以为孩子做个"责任表",把孩子应该做的事和应该承担的责任一一列出来。"责任表"不仅会起到监督的作用,还能让孩子有"主人翁"意识,感到自己是独立的一分子,从而更好地去承担责任。

此外还要注意,孩子做错了事,就算不需要他承担责任,也要给予惩罚,这样,孩子才不会存有侥幸、逃避的心理。

做事有始有终,拒绝半途而废

1

我们在儿子小学毕业的时候准备搬新家,儿子存了几大罐子硬币,带走实在太麻烦了,我们就和他商量,让他将这些硬币拿到银行兑换成纸币。

儿子想到能换成大面额的钞票,欣然应允。

不过,眼前有个难题,就是要将硬币数出来。可这么多硬币,一个人数实在是太难了,而且肯定要花费很多时间。于是我建议将硬币分成三份,我们三人每人负责一份。

儿子负责的那堆最小,但十几分钟后,他就开始东张西望,竟然把刚刚数到多少给忘了,不得不重新数。

儿子偷偷地看看我老公,再看看我,发现我们两人都在认真地数硬币,一边数,一边还在纸上记着数字。

半个小时后,我们都数完了,儿子才数了一点点。

　　我及时指出他做事慢的原因:"安安,你干活时总是开小差,不认真。"

　　儿子认识到了自己的问题,最后,他终于将他的那一堆硬币数清楚了,三个人的硬币加在一起,总共是548.8元。

　　这件事情让儿子明白了这样的道理:"做事要坚持与认真,两者缺一不可。"

　　很多时候,当孩子独自面对难题时,他们总想去求助自己的父母或者他人,表现出精力不集中、拖延、消极等待的态度。一旦孩子出现这种情况,父母一定要让你的孩子明白:认真,也就意味着节省更多的时间和劳动。

2

　　还要让孩子明白,做事善始善终,不仅是一种责任,更是一种良好的品行。

　　战国时期,黄河岸边有个叫乐羊子的人,他的妻子是个十分贤惠懂事理的女子。

　　有一次,乐羊子在路上拾到了一块金子,拿回家交给他的妻子。妻子劝告他说:"我听说有道德的人不喝盗泉的水,廉洁的人不接受带有污辱性的施舍,更何况捡到别人丢失的东西使自己得利而玷污自己的名声呢?"乐羊子听了,惭愧万分,便把捡到的金子放回了原处。

　　乐羊子外出求学访师,以求能在学问上有所进步。然而过了一年,乐羊子便回到了家中。妻子问:"你怎么刚刚学了一年就回来了呢?"乐羊子说:"我在外面待的时间长了,非常想念你,于是就赶回来看望一下。"妻子听后,就拿起一把剪刀走到了织布机旁,说:"这些丝绸,是把蚕茧抽成丝,再通过织布机织成,是一根丝一根丝通过长时间的积累而成寸、成尺、成匹的。现在,如果把这匹丝绸剪断,以前的劳动就会白费。你在外求学也要日积月累,要通过不断钻研才能提高自己的学问和修养,如果学了一半就回来,这不是与剪断织布机上的丝线一样会前功尽弃吗?"

乐羊子听了妻子的这番话,非常感动,随即又外出继续求学。七年之后,乐羊子学成归来,得到了魏国国君的重用,成就了一番大事业。

"三天打鱼,两天晒网"或者"虎头蛇尾"的做事方式,只会把孩子拉进失败的旋涡。而一个做事有始有终的孩子,一定会认真、负责地对待每一件事情,进而凭借不断的努力走向成功。

3

有个著名画家从小深受母亲的影响,对艺术抱有浓厚的兴趣,但当时家里的经济条件负担不起他的学费,于是他想了一个绝妙的主意,用树枝做笔,用大地做纸,把眼前的风光当临摹的风景。画画的时候,他精力非常集中,而且极其认真。

地上的画也许和纸上的画差异很大,但他认为只有先在地上练好,以后学别的画才会容易些。

就这样,他每天在大自然中上他的"画画课",认真地画好每一幅"画"。他坚信,只要自己认真画,总有练好的那一天。最终,坚持不懈的他成为享誉海内外的著名画家。

一个人能够坚持完成一件事情,凭借的不只是自身的毅力,还有源源不断的自信心。自信心是坚持不懈的最大动力,因此,父母首先要帮助自己的孩子学会克服困难,提高他完成某项任务的信心。

例如当你把某件事交给孩子去做的时候,一定要把任务交代具体,并提醒他在完成任务的过程中有可能会遇到哪些困难,在他有思想准备的前提下再教给他一些解决问题的方法,使他做到心中有数,以增强孩子完成任务的信心和勇气。

另外,培养孩子坚持不懈的好习惯是一项长期而艰巨的任务。所以,在这个艰难过程中,父母切忌一时心软就对孩子让步。因为有了第一次的纵容就会有第二次,长此以往,"坚持不懈"就会变成一句空话。

第六章

孩子的自信，源于家长的信任

相信孩子，孩子才会更有信心

1

自信可以成就孩子的一生，无论什么时候，一个人只要自信还在，结局就不会太糟糕。

曾看过这样一个故事。

在一个偏僻、没落的小山村，几十年来，村子里的不少孩子都上了大学，成了硕士、博士，他们走上社会，成为拔尖的人才。

村子成了"大学村"，以前少有人来，后来行人络绎不绝，学校的门都被方圆几十户来来往往的学生家长踏破了。

很多人都好奇，为什么这里的孩子这么聪明，是因为想逃离山村,飞到大城市,还是因为有其他的原因?后来才知道,孩子们的路都是由一个老教授铺出来的。

20多年前,村里来了一位老教授,传言说,这个老师能预测孩子的前程,而且非常准确,被他算过的学生,有的以后会成为数学家,有的会成为音乐家,还有的会成为作家。

孩子们接受了老教授的预言后,家长们发现,孩子比以前懂事好学了。孩子们以前觉得头痛的课本,后来都废寝忘食地啃嚼着。老教授说会成为数学家的孩子,对数学的学习更加刻苦;老教授说会成为作家的孩子,对书籍的阅读更多更广;老教授说会成为音乐家的孩子,课余时间开始专心地练习乐谱。孩子们无须严加管教,全都自发自愿地去学习和探索。他们被老教授灌输了一种信念:"我将来会成为杰出的人,我应该在当下就要刻苦钻研,掌握那些晦涩难懂的问题,一步步朝美好的未来前进。"

怀抱着美好的信念,大部分孩子都在高考中取得了优异的成绩。

后来,老教授把自己的理念传给年轻的老师,代代相传,山村出了一批又一批人才。

那位老教授真的能预测未来吗?

当然不是,他的法宝是在那些幼小孩子的心里种下自信的种子,让他们相信,命运是可以靠自己的努力来改变的。

2

"笨鸟先飞。"何燕妈妈总是这样对何燕说。

何燕的妈妈是我的高中同学,当时,她的高考成绩不理想,没有考上心仪的大学,在后来的职场中受到了很多挫折,所以,她特别在意何燕的学习成绩。她觉得,何燕本来就不聪明,更该好好努力。

在妈妈的督促下,何燕每天都很用心地做作业,周末去上课外辅导班,所有课余时间都扑在各种参考资料上,生怕自己掉队,惹妈妈不高兴。

然而,就算是这样,妈妈对何燕的学习仍然不是很放心,她每天都会检查何燕的学习进度,要是哪天何燕稍微耽搁了一点,立刻就是一顿批评:"何燕,看你现在这样子,没人家聪明还学人家偷懒,以后能考上哪所学校?"

何燕感到压力很大,有时晚上在床上翻来覆去睡不着,担心万一到时候自己真的考不上好学校该怎么办,又觉得自己不是很聪明,就算努力了,以后考个好学校的机会也不大,到时候妈妈是不是就不会喜欢自己了。

何燕越想越睡不着,第二天去上课也没什么精神。妈妈知道何燕课上的表现不够好,晚上对何燕更加严厉地批评了一顿。

时间久了,何燕也觉得自己根本不可能考上好学校,渐渐变得自卑起来。

每个孩子都希望从父母那里得到前进的勇气,也希望自己能成为父母眼中的骄傲。然而,家长不信任孩子,或口头上信任,行动上却表现得对孩子毫无信心,这会对孩子的自信心造成严重的打击。

正是妈妈对何燕的不信任,给她留下了一个错误的印象——学习对她来说很困难。妈妈经常对何燕的能力表示怀疑,何燕也就逐渐认定了自己"不够聪明,肯定学不好"。像这样,家长对孩子长时间地一再否定,孩子的自信心就会慢慢被消磨干净。

3

陶行知先生说:"教育孩子的全部秘密在于相信孩子和解放孩子。"

信任不只要表现在口头上,还有行动上。家长要做到言行一致,多鼓励,少质疑,对孩子满怀期待,孩子才会对自己更有信心。

很多家长口头上说信任孩子,然而日常生活中,孩子一遇到稍有难度的事情,家长就以"你做不到"为名主动代劳。其实,这种做法并不利于孩子的成长。

孩子都有好奇心,乐于面对挑战,很少会因为一时的失败而一蹶不振。他们成长和进步的速度都非常快,善于学习和模仿,他们渴望独立面对挑战,以向家长证明自己。因此,家长们应该尽量放开自己的顾虑,相信孩子有直面挑战的能力,信任孩子能够承受失败的后果,鼓励他们主动去做。

在做出重要决定时,家长不要认为小孩子不懂事就觉得没必要让他们参与。其实,孩子对于家里的大事也会有自己的看法,孩子的视角同样有可取之处。孩子渴望自己被信任,渴望能够帮上家长的忙。让孩子像大人一样参与重要家庭决策的讨论，是对孩子思想和能力信任的直接体现。

在进行讨论时，如果孩子的建议不可取，家长应该认真地解释，而不是随意哄孩子两句就忽略这件事。让孩子感到自己的提议确实是被认真考虑过的，让孩子明白他的确是通过自己的思考为家庭做出了贡献，孩子会从中体会到家长对他的信任，从而更加自信。

孩子的自信，需要父母耐心培养

1

儿子上幼儿园的时候，有一天，我去接他放学，刚好碰到一个朋友，就说起了各自的孩子。

我说："我家安安，又皮又闹，整天不得消停。""一点都不自觉，上课爱动，不爱听讲。"有些是真的，有些纯属谦虚。

没想到儿子竟然拉下了脸，拒绝了他最爱吃的必胜客，回到家，一本正经地对我说："妈妈，我对你今天的话很失望，我今天可是得了朵小红花的。"

我才知道，父母说话不顾及孩子的感受，很有可能会打击孩子的自信心。

研究发现,孩子三岁起就有了渴望被尊重、被平等对待的想法。

因此,家长在说话时,需要尊重孩子。父母平时千万别对孩子说"小孩子懂什么""大人的事,小孩别管"之类的话,这些话会在不经意间伤害孩子的自信心。

2

刘柔的父母都是公司老总,在公司习惯指挥别人,在家里也为女儿规划好一切。由于见惯了优秀的人,父母对女儿的要求也极其高,女儿稍有令他们不满意之处就严加批评,久而久之,刘柔变得非常缺乏自信。

为了重塑女儿的自信,刘柔爸妈改变了教育方法,尝试着多夸奖孩子,渐渐地,刘柔言语中恢复了一些自信,爸妈见势,生怕女儿骄傲,便又变回了以往的做法。

有一次,刘柔爸妈帮她报名参加了一个学校才艺表演,他们想要女儿证明自己的优秀。没想到,刘柔竟然在一个简单的舞步上出了差错,摔倒在地,引得台下观众一片哄笑。刘柔的爸妈觉得没有面子,在刘柔下台的时候就狠狠批评了她一顿。

自从那次表演失败后,刘柔变得有些不一样了。虽说还是每天按时上课、练舞,但她好像对自己特别严格,回到家就关进书房,闭门写作业,连吃饭都不出来,写完作业后又开始练芭蕾,直到晚上睡觉音乐才停下来。爸妈刚开始很高兴,认为女儿在努力。可日子久了,他们开始有些不安,这么练下去身体哪吃得消啊。

有一天晚上,爸爸妈妈突然听到重重的撞击声,赶紧拿备用钥匙打开门,发现刘柔跌坐在地上。刘柔看见爸妈,满面凄然地说道:"妈妈,我不行,我根本做不到……"看着女儿泣不成声的样子,爸爸妈妈才知道自己把孩子逼得太紧了,一个劲地想要孩子早点成才,却从没想过孩子的感受,反倒给孩子的自信心造成了更大的伤害。刘柔现在的状态,看来需要很长的时间才能恢复,刘柔的爸妈既心疼又后悔。

对于有些家长而言,孩子接受教育不仅仅是为了自己的未来,同时也背负了家长的希望。家长把自己没完成的梦想、把自己的面子都压在孩子身上,教育变成了一场赌博,这样就很难做到耐心。

$$\boxed{3}$$

家长们或许从来没有想过要打击孩子的自信心,但平时说话做事都不太在意,很多行为已经在不经意间伤害了孩子。

很早之前,教育学家就提出了一种赞美教育法,顾名思义,这种方法就是以赞赏为手段教育孩子。教育学家对比外国的孩子,发现国外的孩子普遍都很自信,就算是一些学习不好的孩子,举止上依旧透着一股自信。这与他们的教育方法有关,国外最常听到父母对孩子说的一句话就是"宝贝你做得真棒",孩子的每一点进步都值得鼓励,这一点很值得中国的家长学习。

扬长避短,帮助孩子克服自卑感

1

有一位落魄的青年流浪到了巴黎,他期望父亲的朋友查尔斯叔叔能帮自己找一份谋生的差事。

"你精通数学吗?"查尔斯问。

青年羞涩地摇了摇头。

"历史、地理怎么样?"

青年还是不好意思地摇头。

"那法律怎么样?"

青年窘困地垂下了头。

查尔斯接连地发问,青年都只是摇头,自己似乎没有任何长处,找不到丝毫优点。

"那你先把自己的住址写下来,我总能帮你找到一份差事的。"查尔斯最后说。

青年羞涩地写下了自己的名字和住址,转身要走,却被查尔斯一把拉住了:"你的名字写得很漂亮,这就是你的优点啊!"

"把名字写好也算一个优点?"青年奇怪地问道。

"你能把名字写得叫人称赞,那你就能把字写漂亮,能把字写漂亮,你就能把文章写得好看……"

受到鼓励的青年脸上立刻露出了笑容,离开时的脚步也变得轻松、自信了起来。

数年后,青年果然写出了享誉世界的经典作品。

这个年轻人就是家喻户晓的18世纪法国著名作家大仲马。

2

自卑是一种消极的自我评价或自我意识, 对人的个性发展和身心健康有很大的危害。有些孩子无端地怀疑自己的能力,看不到自己的优点,总觉得自己不如人,处处低人一等,感觉有一种无形的压力使自己不能充分发展,这种心理压力就是自卑感。

很多孩子本来有出众的能力,却总是不自信,认为自己做不了大事,别人一定比自己更好,时间久了就会变得平庸。还有一些孩子,本来在大家平时关注的事情上就不够擅长,又被不断地灌输着"你有缺点""你有问题"等观念,使得他们不仅在自己不擅长的事情上放弃了挑战的念头,连对本来擅长的东西,也逐渐失去了信心。

3

孩子的思想还不成熟,往往会把别人的话当成自己的观点。这个时候,如果家长总是看着孩子的缺点而对优点全然不提,时间长了,孩子就会对自己产生怀疑,认为自己没有什么优秀的地方。这样的观点一旦形成,家长再怎么夸奖他、鼓励他,孩子也不会相信了,反而认为家长只是在安慰自己。

奥地利心理学家阿德勒认为, 自卑感起源于人在幼年时期由于无能而产生的不胜任与痛苦的感觉。孩子有了自卑心理后，如果家长没有对其进行正确的引导，就有可能因自卑而造成人格的不完善，而这种不完善将影响孩子的一生。

因此，在日常生活中，家长应主动帮孩子找到他们的优点和长处，而不是总盯着孩子的缺点，一味地批评指责。

家长可以让孩子在每天睡觉前，在本子上写下一件自认为自己做得最好的事情，月末的时候作一个总结，想一想："我这个月都做了哪些事情？"然后，让孩子在本子上写出对自己的评价。家长可以用另一个本子，每天写下一件对孩子最满意的事情，月末时，把两个本子放在一起分析，把总结出的优点按月份记在本子的最后一页。这样，孩子就可以清晰地看出自己都有什么长处，最近有了什么进步，哪些地方应该继续努力。

家长要让孩子把这个本子保存下来，在遇到困难时就翻开看看自己是如何一点点进步的，让孩子变得对未来充满信心。

此外，对于孩子的不足之处，家长也可以尝试用同样的方法与孩子进行交流。亲眼看着自己的缺点一点点减少，也会给孩子带来很大的成就感。

少对孩子说"你不行"

1

我老公的一个前同事,他从小到大都是学霸,考上了北大生物系,后来拿到了分子生物学博士学位,毕业后在赫赫有名的大制药公司里工作。按理说,有这样的履历光环,他平日里应该神采飞扬才是,可事实恰恰相反,这个同事平时表现得特别不自信。尤其是和那些美国同事相比,他的自卑显得特别明显。其实,那些美国同事的技术和知识远不如他,却个个自我感觉极好,可他却总是在找自己的不足。

对此,老公说过他,可以谦虚,但也要给自己争气,别长他人志气,灭自己威风。但他依然是一副"我不行"的样子。他说自己从小就是这样,做任何事情父母都说他不行。

后来,老公总结道:"美国父母和老师对孩子多尊重啊,班上有个脑子发育迟缓的孩子,老师都一直在鼓励,十道题做对了一道,老师马上让他到前面将那一道题算给大家看,大家一起鼓掌鼓励他继续努力,没有丝毫讽刺、挖苦。这种环境中长大的孩子能没有自信吗?"

所以,家长需要注意,在孩子行的时候,应该对他予以肯定,而不是说"你不行",因为这不是谦虚,而是在打击孩子的自信心!

2

自信,来自自尊。自尊是一个人对自我价值的肯定,是外部环境无法撼动的自我认知。

自尊最初来自外界对孩子的尊重。

美国学校一直强调"鼓励教育""尊重教育",就是希望学生们建立起正面的自我认识,意识到每个人都是独特的个体,都拥有自己的闪光点。也许学数学不开窍,但是人缘好,有领导才能;也许作文不行,但是画画好,有艺术细胞;也许不善表达,但是体育好,有运动天赋。老师和父母要帮助孩子找到自己的长处,并创造机会让他的长处得以发挥,从而确立自信。

美国的成年人把小孩当成大人一样尊重:父母进入子女房间要敲门;移动或用孩子的东西要得到他的允许;任何牵涉到子女的决定都会先和子女商谈;不随意翻看子女的日记或其他隐私……因为他们知道,一个不被尊重的孩子不仅没有自信,他以后也不知道尊重别人。

每个人在心理上都有获得肯定与赞赏的需要,如果一个孩子感到自己是被别人赏识的,他就会自然而然地产生愉悦、自我肯定的感觉,他的心里就会充满自豪和自信,觉得自己很优秀、很特别。相反,如果孩子平时听到的都是训斥、挑剔、责备,甚至挖苦,一个小小的过错就被父母抓住不放,没完没了地进行批评,他就会觉得自己很失败,否定自己的能力,产生自卑心理,进而失去对学习和生活的热情。

3

很多父母常常会有意无意地否定孩子的感觉,说出不信任孩子的话语,比如,孩子说太热了,不想穿外衣,我们会斥责孩子:"热什么热,妈妈一点都不热!"孩子想帮忙端盘子,妈妈马上说:"你端不稳的,别把盘子给打了!"

父母在孩子小时候一再否定孩子的想法、做法,会把孩子的自信心和独立性一点一点地扼杀掉。

作为父母,要信任孩子的感觉和判断。如果孩子说热不肯穿外衣,摸摸孩子的小手是不是很热,可以替他拿着外衣,等到他需要的时候再给他穿上;他觉得课程太难了,可以和他一起分析难在什么地方,找到问题的所在,帮孩子解开疑惑。总之,孩子想尝试任何事情,都要给他机会让他去试,给他充分的信任和学习的机会。

不过是淘气而已,怎么是"坏孩子"呢?

1

有一个小男孩,长得虎头虎脑,非常可爱。可他却是一个在幼儿园和小学都出了名的"坏孩子"。

后来，这个"坏孩了"讲述了自己内心的真实感受，被一位做记者的朋友写成了报道。

"我好动，喜欢在教室里跑来跑去，常常撞到一些孩子。小朋友们都叫我'大马蜂'。我不小心撞到他们，哪怕撞得很轻，可只要他们一哭，老师保准训我，还告诉他们离我远一点。记得5岁那年，一个长得像洋娃娃似的小女孩把我的鞋踩掉了，而且踩完就跑。我知道她是老师眼中的'红人'，我偏让她给我提上。她跑去告诉老师，没想到，老师竟然当着全班同学的面批了我一通，说我是'寄生虫'。当天，这个绰号就叫开了，一直叫到我幼儿园毕业。

"小学6年，我换了4所学校，一是因为有的学校老师水平太低，讲课特差；二是我总跟老师顶撞，老师经常给我小鞋穿，我惹不起只好躲着走。每次转学，妈妈都大骂我一顿。那时，爸爸在外地工作，妈妈工作又忙，一个人带着我很不容易。在我的记忆里，妈妈从没有陪我看过书，辅导我的次数也很少，他们对我的管教很松散。三年级时，我就学会给自己热饭了，用妈妈的话说，这叫自己动手，丰衣足食，但我的学习成绩却每况愈下。第一次转学是因为老师多次找父母，妈妈嫌丢人不去，结果把老师惹火了，最后老师又把妈妈训了一顿。第二次和第三次转学都与学习有关。

"在以前那两所学校，我成绩不差，算是中等生。有一次，妈妈拿出一套统考题让我做，我差点儿不及格。妈妈知道了学校的水平后，又给我转了两次学。最后这次转学，学校倒是不坏，可我却更'坏'了。

"周围的同学学得都比我好，我特别想好好学习，但就是学不好，尤其是数学。上课时开小差是常有的事，两眼盯着黑板，可什么也听不进去。我满脑子想的都是好玩的事，赶也赶不走。来到新班级的第一次考试就考砸了，爸爸妈妈一起骂我不争气。

"可最伤我自尊心的还是那次老师分组。老师把班里分成两组，一组是好孩子，一组是'坏'孩子，我当然在后一组。我心里特不服气，那些十来岁还得靠妈妈穿衣服的孩子凭什么当好孩子！可生气也没用，人家学习成绩比我好啊，谁叫自己不争气呢！

"有一次，我们年级去军训，老师又把班级分成了6个小组，好孩子和'坏'孩子自愿组合，没人要的孩子就得去外组。学校要求大家带手电筒，好孩子们没有一个拿的，都是我们'坏'孩子拿，因为我们都怕被班级甩出去。我告诉老师我可以拿两个。回到家里，我要求妈妈买两个手电筒，妈妈问清缘由后脸都气白了，只给我买了一个手电筒。

"现在我家离学校很远，我每天早晨5点多就要起来上学，晚上11点以前不敢睡觉。妈妈说人活着就得吃点苦，可坏孩子这么累也变不成好孩子，真让我觉得像冻冰棍似的那么冷。

"我真的是坏孩子吗？可我实在不想当坏孩子！"

2

"一个半夜拿石块打碎别人家玻璃窗的孩子是不是坏孩子？""一个偷拿了父母的钱逃学去打游戏的孩子是不是坏孩子？"经常听到有些父母说自己的孩子就是个"坏孩子"，简直不可救药。还有的父母说很后悔自己当初生了这样的孩子。

有一些孩子确实令老师头疼，让父母担忧。或许，他们就是人们所说的坏孩子，或许，他们将来会成为坏孩子。但是再想想，到底有什么标准判定他们就一定是坏孩子，谁能保证他们将来一定就是坏孩子呢?

当一个孩子被认为是坏孩子的时候,他的悲剧命运就开始了,而且往往会成为家庭、学校乃至社会的灾难。所以,作为成年人,首先要树立正确的儿童观,了解孩子的所思所想,认识到世界上没有生来就坏的孩子,也没有哪一个孩子天生愿意做坏孩子。

3

曾经有一位教授说:"其实,那些被认定是坏孩子,连他们自己也说自己是坏孩子的人,不过是淘气罢了。"

专家认为,好孩子与坏孩子之说是不同的儿童观和教育观所致。同样一个孩子,譬如一个顽皮儿童,从了解儿童、相信儿童和尊重儿童的观念出发,你会觉得这孩子很正常,甚至挺可爱的;假若从不了解儿童、不相信儿童和不尊重儿童的观念出发,你便会觉得这孩子讨厌,进而认为他是坏孩子。

美国成功学的创始人拿破仑·希尔博士小时候被认为是一个应该下地狱的人。只要发生了什么不好的事情,他都会被别人怀疑,连他的父亲都认为他是所有孩子当中最坏的一个。可她的继母却找到了小拿破仑身上一个优秀的品质,使这个孩子重获新生。

也许,有些孩子很淘气,但成年人要学着换个角度去评价孩子。同样是面对孩子的淘气,有的家长会觉得孩子太烦,惹人讨厌,有的却会觉得这是孩子天真的表现,会给予宽容,甚至赞扬。

所以,建议家长们经常给孩子善意的评价,不要轻易把孩子划入"坏孩子"之列。

孩子急躁,家长不能浮躁

1

我一个姐姐的女儿,从小到大都是直性子,快言快语。在高中的时候没觉得有什么不好,老师还经常表扬她性格直爽,做事有效率,学习上进。

可到了大学后,小姑娘开始有点不适应了。她身为班干部,时常需要为了一些班级活动而给同学们分派任务,但分派出去的事情别人总是难以按期完成,她批评别人几句,别人要么爱理不理,要么直接反唇相讥。渐渐地,周围人都被她得罪得差不多了,她为此感到很苦恼。

她得罪人的原因是因为她没耐性,稍微有些不合意就会急躁起来。比如,学校组织演出,她是系里的负责人,一首配乐诗朗诵,表演的同学总是忘词,她说:"你们怎么连一首诗都记不住呢?到台上,那不是丢人现眼吗?"同学说:"你能干,你上呀!我们笨,不演了!"最终,这个节目夭折了。还有一次组织同学郊游,见五位同学掉队,她不耐烦地说:"快点,这么磨蹭,你们不怕影响大家吗?"就这样,同学们一个个对她敬而远之。在同学们的要求下,学生会主席改选,她意料之中地落选了。

小姑娘现在独来独往,心里很不是滋味。事后,她也挺后悔的,觉得自己不该这样,但就是控制不住自己的脾气。

小姑娘处理不好同学关系,失去同学的信赖,是她的性格太急躁,不能适应大多数同学所致。

她"急性子"产生的原因是多方面的,其父母有很大的责任,过去的老师引导也有一定的问题。

小时候,她就很耐不住性子,她要的东西,必须马上得到,否则就哭闹。上小学时,我姐姐要上班,没有很多时间管她,她只好自己管自己,做饭、洗衣服很小就会。她接受能力强,学习成绩挺好,所以面对那些反应迟钝的人,她就会觉得他们笨。

因为她的成绩好,我姐姐和老师就忽略了她的性格成长问题,她逐渐养成了不好的习惯,以为自己的言行都是理所当然的。这样一来,到了新的环境中,自然就会不适应,压力也随之增加。

对于孩子这样的急躁性格,家长们应予以重视,尤其要从幼儿时期开始引导孩子纠正性格偏差,养成良好习惯。

2

"我孩子4岁,面前的蛋糕还没吃完,便迫不及待地嚷着要吃巧克力;在游乐场看到好玩的滑梯,无视前面正在排队的小朋友,自己硬要抢先上去玩;上兴趣班,自己无法做好时,便轻易放弃;遇到要求没有被及时满足的时候,他立刻就会发脾气,甚至情绪失控……"在一次聚会上,一位妈妈大倒苦水。

另一个妈妈也有感而发:"是啊,我孩子3岁了,准备9月份上幼儿园,其他都好,就是性子很急,没耐心,要什么东西就要马上拿到,不然就一边叫一边哭闹,试过很多办法都不管用。最令人头痛的是,每个星期天上的早教课,他总是坐不住,也不合群。当大家要围着圆圈走的时候,他走两步就躺在地上,拉他起来就发脾气;老师拿教具出来教大家怎么玩时,他会马上过去抢,不给他就又哭又叫……"

其实,幼儿的任性、不通情达理和妈妈的抚养方式有很大的关系。

3

过分娇惯、迁就孩子,往往会强化幼儿的利己心理,从而难以形成理解他人、为他人着想的习惯。学龄前阶段的孩子,往往表现出"自私"、"任性"和"不讲理"。任性心理作为孩子心理发展的一个必经阶段,妈妈应给予充分尊重和指引。

在此阶段,家长不应简单地否定、批评孩子,可在平时借助日常生活中的点点滴滴让孩子明白,每个大人都有自己非常重要的事情需要去完成,当这些事情和孩子的需要有冲突时,孩子应当学会谅解。孩子会经常向家长提出一些要求,如果孩子的要求是合理的,父母应履行职责,满足孩子的需要;如果孩子提出的要求不太合理,可暂时采取"冷处理",大多数孩子最终会放弃要求。

在拒绝孩子要求的时候,应耐心告诉孩子自己的想法,并让他理解,爸爸妈妈很不喜欢孩子用哭闹的方式解决问题,使孩子逐渐学会讲道理。

记得,要"告诉",而不是"训斥",也不是"责骂",更不是"殴打"。要教孩子懂规矩,哪些规矩犯了结果怎样要事先讲好,然后大人、小孩都按规矩办理,不是大人惩罚小孩,是大人协助小孩强化按规矩办事,孩子自己要承担他选择做错事的后果,对自己的行为负责。

要自信，但不要盲目自大

1

　　曾经有段时间，儿子快要小学毕业了，总在闹脾气。拒绝我们翻阅他的书本，拒绝将学校里发生的事情告诉我们。每当我们有一丝询问的意思，他就会表现得非常烦躁。

　　我们知道升学考试给他带来了很大的压力，所以常常会安慰他、鼓励他。但是越鼓励，他好像越是听不进去。"我不明白，孩子到底遇到了什么事情，为什么会如此排斥父母的关心。

　　后来，我终于知道，原来，我们之前对儿子说了太多太好的评语，无论孩子做什么事情，我们都会夸奖他做得好。小时候，孩子喜欢在纸上涂鸦，每次随手画出的作品，都会被我贴在最显眼的位置展出来供一家人欣赏。再后来，我给儿子报了绘画班，老师很少表扬他，于是，我都会在家里弥补课堂上缺失的那份鼓励。没想到，这却让儿子觉得，无论做什么事情，在爸爸妈妈的眼中，他都是最棒的，他也因此认为自己是同龄孩子中的佼佼者。

　　然而，在之后的一次考试中，儿子发挥得不好，名次比较靠后。儿子哭着说："我根本就不是最好的，我再也不相信爸爸妈妈了。"

2

很多父母,和之前的我一样,认为称赞孩子就是鼓励孩子。

我们都没有认清,称赞可以是鼓励,但不等于鼓励。表面看来,称赞和鼓励是在相同的过程中产生的。这是因为称赞和鼓励二者都注重积极的行为。其实,称赞是鼓励的一种,但以竞争为基础得到的称赞才有意义。

事实上,大多数父母称赞孩子时的心态是:"如果你做了我认为好的事情,你将会从我这里得到承认和重视——作为奖赏——称赞是想用外在的奖励来激励孩子。"但是,鼓励是对孩子的努力和改进而言的,不管这努力和改进多么微小都可加以鼓励。

同时,鼓励使用的时机也是有区别的。鼓励是在孩子表现低落的时候给予,孩子觉得自己做得不够好,或者当他们面对失败时,父母也可加以鼓励。但称赞就不能在这种情况下使用。称赞和惩罚一样,是控制的方法。

儿子想参加手工比赛,每天都在认真地练习。他对我说:"妈妈,我可能不行,豆豆剪的小兔子可好看了,我一定比不过的。"

换以前我会说:"别瞎说,我们家安安是最好的。"

这次,我小心地说:"我记得,前两天你剪出来的图画还没有这么漂亮,安安,你已经进步很多了。"

这样的鼓励让儿子很开心,也更有信心了。

3

父母的态度、评语就像是摆在孩子面前的一面镜子，孩子总是通过这面镜子来认识自己，形成"我是谁"这样的心理概念。因此，这面"镜子"反映出的内容对孩子来说极为重要。

孩子的自我概念建立在父母不断的鼓励中，一旦孩子发现真实的自我与爸爸妈妈告诉他的那个自我有很大的差别，这个结论对他的打击将会是短时期难以接受的。

每个人的自我概念都是建立在他人评价的基础之上，而这个他人不仅仅是指爸爸、妈妈，随着孩子年龄的增长，家庭之外成员的评价也会越来越多。由于来自不同社会群体的人本身就会因为标准不同而导致对同一个人、同一件事情的评价产生很大的差异。所以，父母的评价性语言与来自外界的评价性语言越是具有一致性，孩子就越会相信自己的父母；而父母一旦对孩子的评价与外界差异过大，孩子的心中就会画出一个问号；当孩子感受到来自父母的称赞缺少依据，甚至有些敷衍时，他们对父母的信任感必然会有所下降，甚至影响到亲子之间的关系。

放松你的弦,让孩子快乐些

1

我有个朋友是体育老师,有一天,他告诉我,学校初三的男子1500米长跑比赛中,孩子们联合起来给了老师一个"惊喜"和"意外"。

参加比赛的孩子一共8个,随着一声清脆的枪响,比赛开始了,8个孩子一起跑出了起点。刚开始,他们节奏放得很慢,没有一个人明显地领先于其他人,像在公园里晨练一般慢慢地跑着,在离看台最近的一个弯道上,他们还缓缓地跑成了一条平行线,并且一齐转头面向看台挥手。

无论观众怎么起哄,老师怎么催促,孩子们就是并排跑着,哪个超出了,就会下意识地放慢速度,最后,他们排成一条平行线,一起跑过了终点,高喊着:"我们每个人,都是第一!"

这个结果显然是大家都没想到的,老师们瞠目结舌,但观众席上的孩子们却爆发出了热烈的掌声。

原来,在比赛前,这8个孩子的父母都说过"你一定要拿第一""绝对不能落后"之类的话,他们联想到学习的压力,干脆联合起来,玩了这次"行为艺术"。

孩子们笑着说:"我们人人都是第一,我们很快乐!"

这个"恶作剧"或者"行为艺术"后面隐含的是什么动机呢？父母为了自己的孩子"不输在起跑线上"，在孩子很小的时候，就把他们送去各种补习班，孩子们时刻紧绷着自己，很多孩子小小年纪就感叹"太累了"！有的人习题秘籍从不向外人透露，把同伴当作敌人，没有同学友谊；有的人整天钻在书堆里，全然没有这个年纪应有的活力。

2

我有一个朋友，她的女儿从小聪明伶俐，但也非常调皮。朋友让女儿从小学古筝，但孩子的成长过程用朋友的话来说，不能算顺利，举凡早恋、青春期叛逆等，她女儿全都经历了。

她的丈夫是那种沉默寡言、默默奉献型的人，每当女儿出现问题时，冲在前面与女儿战斗的主要是我的朋友，什么查看日记、转学、取消零花钱、与女儿煽情谈心、哭泣等，各种软硬招数全都用上了。

她女儿在学习上倒还争气，高考考上了一所不错的本科学校，毕业后工作找得也很顺利。但工作两年后，女儿遇到了极大的心理困扰，崩溃了。

她女儿的说法是："感觉一切毫无意义，工作按部就班，同事间关系冷漠，父母不在身边，男友也不如意。"她女儿觉得这些年没有快乐的时刻，从来没有按照自己的意愿痛快地生活过，现在看似可以自己决定一切了，反而变得茫然、恐惧。

3

经常听一些家长说:"我并不要孩子如何功成名就,他只要快乐就行。"快乐是有关精神的,物质带来的是兴奋、高兴、欣喜,但不是快乐。学习好、工作好,未必就是快乐的。

真正的快乐是乐见生命的流转。身外之物可以得到,也可以失去,快乐若寄托在物质上,岂能长久、踏实?只有把快乐建立在心里,快乐有赖于"我",才能随心所欲,想快乐就快乐。

我常常听到一些家长这样告诫孩子:"现在就是这样的社会,你只能……""学校和老师就是这样,你改变不了,你只能……""只有考上名牌大学,你才能……""如果不能出国留学,那可就……"听起来,孩子的未来是只有几个有限答案的选择题,孩子能做的就是拼了命地去抢那关乎未来生存、幸福快乐的有限的几个答案。若抢不到,比如,没有考上名牌大学,他将感到多么自卑、失败、绝望和愤怒;即使抢到了,孩子的所得足够偿还他过去的付出和牺牲吗?孩子会觉得值得吗?

父母要做的是永远让孩子快乐,让孩子保持开放、灵活、积极主动,选择和决定都由孩子自己做出,孩子的未来和命运由自己掌握。

在这种情况下,无论我们的孩子走到哪里,得到什么样的回报,他们都会无怨无悔、随遇而安、平静、快乐。

怎么教孩子才肯听，
教什么孩子才优秀？

孩子的命运往往取决于父母的教育。

要想把孩子培养成优秀的人，家长先要使自己成为合格的教育者。

第七章

一字千金,这样表扬进步快

站在最好的角度赞美孩子

1

儿子有一次参加学校的运动会,在他最不擅长的长跑项目上得了第四名。

比赛一结束,我称赞他说:"今天你跑得很好,妈妈为你感到骄傲!"

没想到儿子反问:"好在哪里呢?"

我一时噎住了,不知道该如何回答他。

此时,老公在一旁拍拍儿子的肩膀,说:"安安,你比爸爸小时候厉害,当时的我别说长跑,短跑都坚持不下来。今天你不但坚持了下来,而且在最后冲刺的时候力量大爆发,你的同学都说你很厉害!"

儿子得意地拍着胸口说:"下次我一定会跑得更好!"

你看,赞美孩子并不是我们想得那么简单,它必须要你用心去组织语言。父母和孩子之间的角色定位并不是一成不变的:有时,你可以是孩子的爸爸或者妈妈;有时,你可以是他的朋友;有时,你还可以站在一个陌生人或者旁观者的角度,去帮助他分析和解决一些难题。

2

我朋友对他儿子的表扬方式很值得借鉴。

朋友的儿子叫韩岩。

韩岩小的时候一直很顽皮,喜欢拆家里的电器,喜欢和父母反着来,给家里人带来了很多麻烦。不过,虽然平时很不让人省心,但有时,韩岩也会做一些温暖人心的事。看见妈妈生病了,他会给妈妈端茶送水,会帮奶奶穿针线……每次看到韩岩热心肠的一面,朋友都会高兴地赞扬他:"岩岩真懂事,这么小就知道帮助人,将来长大一定会很了不起!"听到妈妈的称赞,韩岩越来越细心,也不再和父母反着来,会主动为父母排忧解难。

孩子需要不断地鼓励和肯定,父母也不要吝啬自己的赞美,积极正面的肯定会给孩子带来愉快的心理感受,使他不断保持优秀。

每个人都希望得到尊重和爱护,孩子更是如此。父母和老师要从多个角度去发现孩子的闪光点,在孩子成长的过程中,不断给予孩鼓励和称赞,孩子听到赞美,也会越来越自信、阳光。

没有人是完美的,孩子也会有许多调皮捣蛋的时候,家长如果总是把眼光放在孩子缺点上,很容易让孩子走向歧路。所以,父母要善于发现孩子身上的优点,孩子做得好的时候,父母就要大方称赞,让孩子知道原来这样做才是好的。如此,孩子就会在一次次称赞中找到"真善美"。

3

朋友说,刚上小学的小寒性子顽皮,经常被老师批评。后来,小寒在学校表扬大会上见很多同学都得到了表扬,觉得十分羡慕,也想做一件好事被表扬。

一天,他交给老师50元钱,说是在上学路上拾到的。当天,小寒果然得到了表扬,听到广播站里提及自己的事,他兴奋了一整天。

那一天,他在学校表现得很乖,积极回答老师的问题,按时上交课后作业。可是第二天,小寒就变了,变得没精打采。原来,他为了得到表扬,竟然偷拿了家里50元钱,被爸爸发现后大骂了一顿。幸好后来出差回来的妈妈了解了事情的真相,肯定了他的出发点是好的,同时也跟他讲了偷拿家里钱和对老师说谎的坏处,爸爸也向小寒道了歉,表示自己不应该这么严厉地训斥他。经过一番冷静的沟通,小寒真诚地向爸爸妈妈承认了错误并道歉。之后,在爸爸妈妈的鼓舞下,小寒又渐渐开心了起来。

每个人都希望得到他人的尊重和肯定,小孩子想要得到赞赏和肯定的心情就更容易理解了。当孩子做错一件事时,不要冲动地指责孩子,要问清孩子背后的原因,了解孩子的心理需要。如果是合理的需要,父母要尽量满足孩子,只有让孩子得到肯定和满足,他才能拥有一个轻松惬意的心境,也才能避免以后再犯同样的错误。当孩子想听到表扬时,父母要从生活的诸多小事中,发现孩子的优点,给予真挚的称赞。

世界上没有两片完全相同的树叶,每个孩子也都不同,不同的样貌,不同的性格特点,也有不同的思想。孩子是一块璞玉,需要父母用心雕刻,父母在与孩子相处的过程中,何尝不是一次成长呢?在孩子面前, 父母有一辈子的功课要修。要教出一个怎么样的小孩,想让孩子有何种能力,等等,都需要父母的不断引导。帮助孩子找到生活的乐趣,帮助他实现理想和抱负,这是需要父母和孩子共同完成的。

最好送孩子"物质外的奖励"

1

儿子5岁的时候喜欢画画,去书店,买得最多的就是绘画本。

见儿子对画画如此有兴趣,也为了提高他画画的积极性,每次在他画完后,我都会给他喜欢的零食,还允许他玩游戏。在我的监督下，儿子有段时间确实画得很用功。

但紧接着，儿子对我的要求也提高了。一颗糖不够，他想要五颗糖，玩游戏半个小时不够，他想要更多的时间，而且还威胁我，不给就不画画。

其他父母也遇到过类似的事情。

周浩是那种比较懒的孩子，平时不爱运动，所以长得有些胖。

周末，别的孩子都跑去足球场踢球，而周浩只愿意躺在沙发上看电视，哪儿也不想去。妈妈想带周浩一起出去走走，他都不愿意下楼。

有一次，妈妈在周浩的作文里看到，周浩最大的愿望就是拥有一台属于自己的电脑。

于是，妈妈就和周浩约定，只要周浩每天清晨出去跑步20分钟，每天晚上睡觉之前再做30个仰卧起坐，3个月后，她就给周浩买电脑。

在电脑的刺激下，周浩坚持锻炼了3个月。

妈妈遵守约定给周浩买了一台电脑。然而，电脑买回来后，周浩却一心沉迷在电脑游戏中，每天晚上玩游戏玩到半夜都不睡，早上不但不起来跑步，而且，为了玩游戏，连作业都完不成。

父母滥用物质奖励，不但收不到想要的效果，有时甚至会适得其反。

2

家长不禁要问：“是什么改变了孩子？”

心理学研究表明：人的行为动机可分为内部动机和外部动机。因对活动本身的兴趣，不需要外力来推动从而产生的动机，即内部动机；外部动机是由个体所从事的活动以外的刺激诱发而产生的动机。

家长对孩子兴趣的培养，当然不能用外部奖励的方式去达成。如果孩子的兴趣和一些外在的奖励平衡的话，一旦外部奖励无法满足他们，他们就会停止去做好一件事。父母要让孩子知道，你所有的兴趣是为了让自己变得更好，而不是为了完成任务获得奖励。

一项针对700多名儿童的新研究发现，在成功完成某些事情后，用礼物奖励孩子或者将送礼物作为表达爱意的一种方式，会导致儿童更加功利。

很多父母都把物质奖励作为让孩子完成某些事情的一种手段，而对于孩子而言，似乎也颇为受用：只要父母给钱，孩子就愿意不挑食吃某样菜；只要父母给钱，孩子就愿意去洗碗……似乎很多小孩都是这样长大的，完成父母的要求就能得到零花钱。但父母若任何事都采用物质奖励，孩子会变贪心，他的欲望会越来越难以满足，甚至可能会为了获得奖励选择不当的途径完成任务。

物质奖励的实质是交换和逼迫，不但会伤害孩子的情感和自尊，时间长了，还会造成孩子“物欲难填”的心理，有碍孩子今后的道德发育。

相比物质需求，孩子更需要的是被尊重、被认可和被理解。因为物质奖励带来的只是一时的满足，不会持久，只有精神上的愉悦和成就感，才能带给孩子永恒的动力。

3

所以，父母要谨慎使用物质奖励，当孩子提出自己的需求时，父母也要多加衡量，对孩子提出的不理性的物质要求，要明确拒绝并讲明道理。之后还要切记，父母给孩子选择的礼物奖励，也要尽量选择对孩子有益的，如课外书、衣服等，不要买奢侈品，也不要告诉孩子品牌价格，防止孩子产生攀比心理。

当然，父母送孩子物质外的奖励最好。不过，物质外的奖励也最难完成。

精神上的奖励，无非就是父母的称赞和陪伴。父母不妨想想，自己是否太忙了，疏于对孩子的陪伴和交流，也极少注意孩子的日常变化，孩子需要的不是在一起却见不到面的父母，比如父母早上走的时候，孩子还在睡觉，晚上回来的时候，孩子已经休息了。父母工作忙完以后，要挤出时间陪陪孩子，比如定制旅行，带孩子去动物园、游乐园、博物馆等地方玩，满足孩子的好奇心、求知欲，让孩子多接触大自然，在路上和孩子多沟通，拉近和孩子的距离。

物质奖励是把双刃剑，恰当地使用能让孩子懂得一分耕耘一分收获，反之则会让孩子变得功利，养成一些坏习惯。对孩子的奖励应该以精神鼓励为主，物质奖励为辅。一个拥抱，一个微笑，一句赞扬，都能带来意想不到的效果。

攀比不是不可以，就看孩子比什么

1

闺蜜跟人聊天，无意中提到了同事家的孩子特别聪明，在一边玩耍的女儿青青听到了，当即大哭了起来。闺蜜赶紧过来哄："我们青青也很聪明啊！"青青情绪恢复后说："我会背唐诗，我会跳舞，我还会算算术呢，他会不会呀？"

看着女儿把家底一件一件地抖出来，一副势必要把对方比下去的样子，闺蜜有点哭笑不得，想："这孩子怎么这样啊，处处都要比别人强，根本听不进别人的好！"

攀比无处不在，任何人都有攀比心，孩子也不例外。有时候很小的孩子都能说出"别人能做到的事，我也能做到"之类的话，足见现在小孩都不甘落人后。

适当的攀比对孩子是有利的，它可以刺激孩子不断进步，获得自己满意的结果。当然，如果孩子的攀比心过度了，处处都要压过别人，没有超过就会伤心，这种心理对孩子而言确实是一种伤害。面对孩子这些不健康的攀比心理和攀比行为，做父母的该如何进行引导呢？

$\boxed{2}$

丽丽上初中时，班里有些同学电脑、手机配备齐全，而且用的都是时下的最新款。

丽丽也想买新款手机，有一天，在手机多次失灵之后，丽丽忍不住向妈妈提出买新手机的想法。妈妈拒绝了，理由是家里经济条件不允许，而且为了她的学习，手机能打电话就好，不需要太多娱乐功能。丽丽心不甘情不愿地接受了妈妈的说辞。

妈妈也看出了丽丽的不开心，晚饭后，她和丽丽交流，问道："你们班同学都有那个新款手机吗？"丽丽说："没有，有些同学都没有手机呢。"妈妈回应道："你看，和这些同学相比，你不是很幸福吗？你可以时时和爸妈联系，可以查阅东西。丽丽，我们不能时常望向那些最好的而自己却无法得到的东西，我们可以向下比较一下，你就会知道自己有多么幸运了。"

我儿子上小学三年级时，经常和同学玩四驱车比赛。他发现自己的车总是比别人慢，便向小伙伴打听他们的车都是什么型号的，之后便向老公提出想要买价位高一点的新车研究一下，老公很支持。

买回来后，父子俩小心地将车拆开，儿子自己在网上查阅资料，完成新车组装，后来，他还加入了学校的四驱车模型小组。

在孩子攀比的过程中，爸爸找到了儿子背后的推动点：对车的兴趣。于是，他开始和儿子一起研究车，让儿子对自己的兴趣负责，最终把一个攀比行为变成了孩子的优秀行为习惯，让孩子学会独立思考和研究。

细心的父母，对孩子的攀比心理，要找到好的切入点，让孩子发生改变的过程需要父母的引导，父母的力度也不要太大，大了可能会掐灭孩子心中的火花。

3

随着孩子的长大，不少孩子开始比旅游、比礼品、比书包、比鞋子……不知从什么时候开始，幼儿园、小学、中学的孩子们中兴起了攀比之风，家长该不该帮孩子去跟同学比呢？

有一个比喻是这样说的：父母是土壤，孩子是种子，好的土壤才能养出好的孩子。孩子的攀比有时候可能来自父母的恃宠而骄。比如，孩子眼红别人家小孩的玩具，父母忍受不了孩子渴望的小眼神，于是拉着孩子的手就向商店走去。

还有的父母，在孩子很小的时候就跟他说买了什么牌子的衣服，花了多少钱。这样一来，等孩子上学后，他就会和同学攀比，比吃比穿比用，年纪轻轻就活在物欲横流里。

抛却物质的攀比，父母可以引导孩子比一些别的，比如，看谁课文背得更快，谁字写得更好，谁数学题解得最快等。

在物质化的世界里，并不是每对父母都富有，等到孩子进入社会后，会面临更多诱惑。所以，家长从小就要教会孩子克制攀比心，教会孩子有尊严地活着，即便没有丰富的物质条件，也可以让孩子活得内心自洽。

把表扬落实到细节上去

1

一些专家,专门就夸奖孩子这个课题进行了研究。

他们为幼儿园的孩子设计了一些非语言性的难题。

当孩子们完成后,他们对其中一部分孩子说:"你们答对了8道题,你们很聪明。"而对另外的一部分孩子却说:"你们答对了8道题,你们确实付出了很大的努力。"在此之后,立即给这些孩子两种新任务让他们选择:一种是较容易完成,并有把握做得非常好的任务;另一种是比较难完成,有可能会出点小差错,但能够从中学到一些重要的新技能的任务。

接下来,专家看到,那些被夸奖为聪明的孩子中的一大半都会选择较容易完成的任务,因为他们只想再次得到聪明的夸奖,不想承担失败或出错的风险;而那些被夸奖付出努力的孩子几乎都选择了比较难完成的任务,他们对挑战新事物很感兴趣。

这个研究结果再一次告诉我们,如果你总是一味地夸奖孩子聪明,随着时间的推移,他会把一切好的结果与脑子聪明画等号,今后他做成了一件事情就会认为自己很聪明,如果遇到了挫折,他则可能以此判定"我不聪明",还会因此失去学习的兴趣。所以,只有当你为孩子付出的努力而夸奖他时,他才会明白父母最看重的是他付出的努力,这样,他就会更愿意在父母的鼓励下加倍努力,寻求更多的挑战。

2

雨洁刚学绘画的时候,经常把梨画得像苹果,把苹果画得像山楂,把山楂画得像樱桃……

那时雨洁还比较小,如果批评太多,容易打击她绘画的积极性。所以,妈妈就改批评为表扬,经常鼓励她。

有个星期天,雨洁像模像样地支起小画架坐在奶奶面前,说要给奶奶画像。看到雨洁那副认真劲儿,妈妈放下手上的书走过来,站在雨洁旁边看她画。

妈妈见雨洁把奶奶齐齐的短发画出来,就马上表扬说:"雨洁把奶奶的头发画得真像。你看,奶奶的头发别在耳朵后面,你把这个画出来了,真不错。'

听到妈妈的表扬后,雨洁的兴趣和信心更大了,画得也就更认真了。虽然最后画出来的画像跟奶奶本人并不像,但妈妈还是对雨洁画的几处比较像的地方给予了具体的表扬。

从那以来,无论画什么,雨洁都会先认真地观察,然后才动笔。时间久了,雨洁的绘画水平有了很大的提高。

父母具体到细节的表扬,能让孩子明白自己哪些地方做得好,哪些地方需要改进,从而确定努力的方向。

泛泛的表扬虽然能暂时提高孩子的自信心,但并不能让孩子明白自己好在哪里。时间长了,还容易让孩子养成骄傲、听不得批评的坏习惯。

3

从一般意义上讲，我们夸奖孩子的方式可以分为三种。

第一种——针对孩子个人特质的夸奖，常说："你真棒！""真聪明！"

这种夸奖方式对孩子起到的效果最差。因为，常受到父母用个人取向方式夸奖的孩子，遇到新的任务时，更愿意挑选那些能使自己成功的任务，以换取再次夸奖，想永远当大人眼中的聪明宝宝。他们害怕失败，也总是逃避有困难的任务，实在躲不开，他们多数会放弃努力，甩手不干。

第二种——针对孩子完成任务的结果去夸奖，常说："你做对了！""你干得很棒！"

这种夸奖方式起到的效果比第一种稍好一些。父母仅就孩子某次行为成功的结果去夸奖，使他们觉得好的结果是最重要的，孩子会想："如果下次我失败了，我就是愚笨的。"因此，当他遇到失败时，就会变得沮丧，自我价值感降低，自信心和抗挫折能力减弱。

第三种——针对孩子完成任务的过程、所做出的努力和运用的智慧来夸奖，常说："你真努力！""你的方法很好！"

这种夸奖方式起到的效果最好。孩子常常听到父母这样的夸奖后，既不会因为一个小的成功而沾沾自喜，也不会因为碰到一次失败就灰心丧气。他们能够正确面对失败和错误，不论遇到什么样的困难任务，都会自己加倍努力坚持到底，试着用各种方法和窍门去攻克难关、完成任务。他们把心思放在提高自己的技能上面，并不在乎自己在别人心中的形象如何。

因此,父母夸奖孩子应该多采用过程取向的方式,引导孩子关注完成任务的过程,肯定他们为努力完成任务而开动脑筋所付出的辛劳和技能。

欣赏"十万个为什么"的孩子

1

和所有的孩子一样,我儿子也是"十万个为什么",天生就是提问专家。

"为什么世界上有人?"

"人为什么分男人和女人?"

"火星上面为什么被怀疑有人类存在?"

··········

一连串的问题常常让我们措手不及,有时候,还会提出一些让大人觉得匪夷所思的问题。

这天,儿子突然对我手上戴的手镯发生了浓厚的兴趣,他盯着我手上的手镯问道:"妈妈,这手镯是金子做的吗?"

我答道:"是呀。"

"那为什么是白色的呢,金子不是黄色的吗?"

"这是铂金，也是金子的一种。"

儿子的"为什么"开始出来了："为什么叫'铂金'呢，它为什么是白色的呢？"

我稍微停了一下，笑着继续说道："你觉得呢？"

儿子挠挠脑袋回答道："我认为是成色的问题。"

我接过话茬："嗯，听起来蛮有道理的，我们一起去找资料查查吧。"

儿子开心地点了点头，然后立刻飞奔到电脑前。

其实，面对孩子一连串不可思议的"为什么"，很多父母都会丈二和尚摸不着头脑，不知道孩子小小的脑瓜里为什么会有这么多的问题，一些父母因为回答不上来，而渐渐变得有点不耐烦。

但，父母应该欣赏孩子的求知态度，理解他强烈的好奇心。

2

美国教育家塞德兹认为，父母讨厌孩子问问题是种愚蠢的做法。这种做法也许能够换来片刻的宁静，但在不知不觉中会压抑孩子的好奇心和求知欲，甚至抹杀孩子最可贵的探索精神。

塞德兹对儿子小塞德兹提出的问题总是耐心地给予回答，他不会像有些父母那样嫌麻烦，敷衍了事。尽管有时候孩子的问题会不着边际，大大超出了他的知识范围，但他也会严肃对待，从不对孩子的天真报以嘲笑和讽刺。

有一次，小塞德兹问："爸爸，这本书上写的这件事我不太明白。"说着,他把一本关于达尔文进化论的少儿图书递给了塞德兹。

"你有什么不明白的?"塞德兹问儿子。

"进化论中说人是由猴子变来的,这是真的吗?"小塞德兹问道。

"我不知道是否完全对,但达尔文的理论是有道理的。"塞德兹回答道。

"可是,既然人是由猴子变的,那么为什么现在人是人,猴子仍然是猴子?"小塞德兹问。

"你没有看见书上是这样写的吗?猴子之中的一群进化成了人类,而另一群却没有得到进化,所以它们仍然是猴子。"塞德兹说道。

"这恐怕有问题。"小塞德兹怀疑地说道。

"什么问题?"

"既然是进化论,那么猴子们都应该进化,而不光是只有一群进化。"

"为什么这样说?"

"我觉得另一群猴子也应该得到进化,变成一群能够上树的人。"

正当塞德兹和儿子展开讨论的时候,哈塞先生插了进来:"能够上树的人不就是猴子吗?"

"不,哈塞先生,我们是在讨论进化论而不是在讲故事。"小塞德兹一本正经地说道,仿佛是在对哈塞先生的玩笑表示不满。

哈塞先生不再说话,但他的脸上却流露出了一种不以为然的神色,他认为塞德兹没有多大的耐心来回答小塞德兹这种问题。

"那是不可能的,因为猴子当中的一部分确实没有得到进化……"塞德兹接着向儿子解释着。

"我不懂，这是为什么？"

"这个理论的确有些复杂，但这是个事实。"塞德兹无法再解释得更深入。

"为什么？"显然，小塞德兹仍然不想放过这个问题。

"这可能和物种以及生存条件有关系。"塞德兹这样回答着。

"什么生存条件？猴子是怎样受到影响的？"小塞德兹追问不休。

于是，塞德兹只好再解释："据我所知，一群猴子由于某种原因不得不在地面上生存，它们的攀援能力逐渐退化，而后又学会了直立行走，经过漫长的进化变成了类人猿；另一群猴子仍然生活在树上，所以没有得到进化。"

"我明白了。可是为什么要进化呢？如果人能够像猴子那样灵活，不是更好吗？"小塞德兹又开始了另一个问题。

"虽然在身体和四肢上猴子比人灵活，但人的大脑是最灵活的。"塞德兹向儿子解释着。

"大脑灵活有什么用呢？又不能像猴子那样可以从一棵树跳到另一棵树上。"小塞德兹接着问。

"身体灵活固然好，但只有身体上的优势是远远不够的，大脑的灵活才是最重要的，因为只有这样才能创造出文明。"

"什么叫文明？为什么要创造文明？"小塞德兹问道。

"因为文明代表着人类的进步。"塞德兹解释着。

"可是，为什么要进步呢？"小塞德兹追问。

"因为只有人类进步了才能有好的生活，也只有这样才能使我们和动物区别开来。"

"为什么要和动物区别开来，难道它们不好吗？"

就这样,小塞德兹的问题一个接一个,尽管他的问题在大人看来非常可笑而且毫无根据,但是,塞德兹总是尽力回答儿子的每一个问题,不让儿子失望。

3

孩子的问题也许会非常简单幼稚,但家长的态度要真诚,不能嘲笑他,更不能敷衍了事,要以积极的态度引导他。切忌不要因为忙或心情不好就对孩子的问题不理不睬,这样做只会使他感到深深的失望,理性的探索欲望也会随之消失,这对孩子的求知欲是个打击。

同时要注意,在回答孩子的问题时要简明扼要,只要让孩子明白简单的道理就行。比如,孩子问:"为什么灯能亮?"你可以简单地回答:"这是因为电能发光发热。"

在回答孩子的问题时,还可以与他一起寻找答案。在寻找答案的过程中,孩子既学到了知识,也体会到了探索的乐趣。在与父母一起努力的过程中,还能让他体会到父母就像朋友一样可以互相帮助,从而使孩子的自信心大大增加。

当孩子发问时,父母如果实在不知道如何回答,可以先反问孩子:"你认为呢?"来引导孩子先思考答案,再自行寻找答案,来加强他的逻辑思维能力。孩子尝试说出答案:"我认为答案应该是……"这已经是一个很好的开始,即使他答错了,父母也应赞赏孩子所做出的努力,鼓励他继续尝试。孩子得到父母的肯定和认同,自我形象自然随之提高。

借他人之口鼓励孩子

《红楼梦》中有这么一段描写。

史湘云、薛宝钗劝贾宝玉做官为宦，贾宝玉大为反感，对着史湘云和袭人赞美林黛玉说："林姑娘从来没有说过这些混账话！要是她说这些混账话，我早和她生分了。"

凑巧这时黛玉正来到窗外，无意中听见贾宝玉说自己的好话，不觉又惊又喜，又悲又叹。结果，宝黛两人互诉肺腑，感情大增。

在林黛玉看来，宝玉在湘云、宝钗、自己三人中只赞美自己，而且不知道自己会听到，这种好话，不仅是难得的，还是无意的。倘若宝玉当着黛玉的面说这番话，多心的林黛玉也许非但不领情，还会觉得宝玉在嘲笑自己，即使领情了，效果也没这么好。

这是一个成人世界的规则，与其当面恭维，不如背地赞美，这招用在孩子的教育上也可以。

一天，罗冰突然对妈妈说："我觉得语文老师和同学们都不喜欢我。"

"为什么这么说？"妈妈疑惑地问。

"因为语文老师从来不仔细看我的作文。"罗冰委屈地说,"别人的作文老师都会写很长的评语,我的作文他就打个分,妈妈,你说老师是不是不喜欢我呢?"

妈妈想了一下,没有给出正面回答,而是继续问下去:"那你为什么认为同学们也不喜欢你呢?"

"因为班上有几个女同学不爱跟我说话,有时我一走过去,她们原来正在说话,见到我就都散开了,我有那么讨厌吗?"罗冰的声音里透着委屈。

"你先不要胡思乱想,也许老师和同学这样做,都有自己的原因,等妈妈和他们谈谈再说。"

过了两天,妈妈走进罗冰的房间,和蔼地对她说:"我已经去和你的老师谈过了,也找了你的同学,你想知道他们的想法吗?"

"想,到底是我什么地方让他们不喜欢呢?"罗冰急切地问。

"没有,他们没有不喜欢你。你的语文老师对我说,你的作文写得很好,所以他把更多的精力放在了其他需要帮助的同学身上,虽然他没给你写很长的批语,但他知道你每次作文都很出色。至于你说的那几个同学,你的班主任老师告诉我,那几个不太和你说话的同学都是今年刚转学过来的,对你还不太熟悉,而且她们都知道你学习成绩非常好,所以在你面前有些自卑,你一来,她们就不好意思说话了。"

听了妈妈的话,罗冰想:"是啊,语文老师虽然不给我的作文写很长的评语,但每次都给我打高分。还有那几个刚刚转学的同学,虽然不太和我说话,但看我的眼神却没有一点敌意,反而很害羞。"

"老师和同学都这么看重你,你以后更要好好学习,而且要主动帮助那几个新来的朋友!"妈妈不失时机地鼓励罗冰。

"嗯,我知道了！"

后来,罗冰学习成绩越来越出色。不仅如此,在她的帮助下,转学来的几个同学的成绩也都有了很大的进步，她们在共同学习和交往的过程中成了好朋友。

3

在教育中,父母不仅可以通过自己的语言和行动来赞扬孩子,更可以借他人之口来赞扬孩子。有时候,这种方式更容易被孩子接受,也更能激发他的信心和潜力。

在孩子的社会交往中,时常传达别人对他的正面评价,可以培养孩子正确认识他人、评价他人、与他人友善相处的良好习惯,有利于孩子人际关系的处理,对孩子以后的生活也有很大的益处。当孩子听到从你的口中传达的是别人对他的赞赏，他会感到更加光荣和自豪。

所以,家长平时可以经常和孩子的老师、同学、朋友聊一聊自己的孩子,了解在别人心中孩子的优点和长处,并把这些信息传达给孩子,这有助于孩子自信心的培养。

当孩子在与别人的交往中遇到问题时，可以先了解一下别人对孩子的印象,再把别人对孩子的赞赏直接告诉他,而关于别人对孩子的意见,要通过委婉的方式转达:"他们说你很和善,不过要是能经常和他们在一起玩,那就更好了！"

第八章

掌握分寸,这样批评改正快

有一种毁灭叫"冷嘲热讽"

1

阳阳小学的成绩一直很好,升中学后,因为喜欢和班里几个顽皮的学生一起玩,成绩直线下滑,特别是英语和数学,以前都能考高分的两门科目,后来竟然只能在及格线边缘徘徊。

任课老师和班主任都对阳阳的成绩很忧心,老师们分别找阳阳交流过,可阳阳依然一副不思进取的模样,渐渐地,老师们都放弃了对阳阳的教导,不再管他,把他当成了一个无可救药的坏学生。

父母知道了阳阳在学校的情况后,特意从工作的地方赶回来,想要守在阳阳身边，多开导开导他。

阳阳看到父母为自己所做的牺牲，内心非常自责愧疚。

阳阳从寄宿学校搬回家住，在父母的陪伴下，他慢慢把心思放到了学习上。

后来的一次考试，阳阳破天荒地考了高分。当时，老师在批改卷子的时候就很惊奇，和别的老师讨论时，大家都觉得阳阳是不是抄了别人的答案。

课堂上，老师公布试卷成绩的时候，阳阳还一心期待着老师的夸奖。没想到，老师反而讽刺地说道："真是太阳从西边出来了，你也能考这么高的分？"

阳阳的笑容一下子消失了，老师的话像一盆冷水泼在了他的心上。

回到家后，阳阳的心情很低落，跟父母讲了学校的事，妈妈宽慰了他，这才让阳阳没有对老师的讽刺念念不忘，影响他的心情。

孩子在外，可能会被很多冷嘲热讽中伤，而父母要做的就是让孩子走出被伤害的阴影，重拾信心，用自己的行动来反击所有看不上自己的人。

2

随着年龄的增长，孩子会开始希望能够有自己的尊严，希望能受到重视和尊重。但与此同时，孩子在成长过程中常常会犯错，对此，很多父母会毫不犹豫地讽刺、挖苦孩子。但事实证明，父母的挖苦、讽刺往往超越了孩子能够接受的范围，是对孩子人格的羞辱，会刺伤孩子的自尊心。

陈蒙是一个事事追求完美的孩子,初中时,每一门作业他都希望做到最好。

因为力求完美,所以陈蒙花在做作业上的时间很多,以致晚上睡得很迟。睡眠不足,上课时便无法集中精力,如此恶性循环,陈蒙的成绩越来越差。

陈蒙的妈妈不仅没有帮助孩子分析原因,找出改正的方法,反而经常嘲笑他说:"不是那块料,学也白搭。"由于陈蒙经常被母亲嘲笑,内心渐渐地也觉得自己很笨,于是失去了积极性,原本不大理想的成绩变得更差了。

讽刺是毁灭自信心的杀手,而孩子的承受能力是有限的,身为父母,即便是开玩笑,也绝对不能使用讽刺性的语言。当孩子表现积极的时候,父母应采取肯定的态度,及时对孩子的努力、进步、热情给予鼓励。

3

我的初中同学鲁宾在一个建筑工地当工人,其实,他本不至于要从事这么辛苦的工作。鲁宾小时候非常聪明,他性格开朗活泼,也乐于分享,是大家的开心果。

鲁宾和父亲生活在一起,他的父亲骨子里就很消极,而且不太会说称赞孩子的话。与这样的父亲生活在一起,鲁宾免不了总是被他冷嘲热讽,久而久之,他的心态就崩了。

鲁宾还记得自己和父亲在一起的一些事。

小学五年级的暑假，鲁宾在看《爱的教育》。父亲起床后，问道："鲁宾，你又在看什么破书？"

"我在看意大利作家埃迪蒙托的《爱的教育》，爸爸，你知道吗？这里面的主人公跟我差不多大，他通过日记的方式写了自己成长的故事，他特别有趣，他……"

"我没兴趣知道他的故事，你不要每天都看这些书，对你没什么用。"鲁宾话还没有说完，父亲就打断了他。

鲁宾很想跟父亲分享自己的快乐，但父亲太冷酷了，压根儿不想理会自己。

鲁宾不曾在父亲身上感受到丝毫温暖，父亲总是那样不近人情。这样被拒绝的次数多了以后，鲁宾也就放弃了和父亲沟通。受父亲的影响，渐渐地，鲁宾完全变了一个人，变得消极厌世，对什么都提不起兴趣。后来，他初中毕业后就辍学并且离开了家。

冷嘲热讽会在父母和孩子之间立起一堵墙，让孩子一点点远离父母，不再愿意和父母沟通。

一个在父母的冷嘲热讽下长大的孩子，也极有可能掌握冷嘲热讽的说话方式，难以收获真挚的友情和爱情。

所以，优秀的父母要懂得给予孩子鼓励和赞赏，让孩子在鼓励和赞赏中树立自信，释放生命潜能，千万别让讽刺的话重伤孩子脆弱敏感的心。

有一个"假想敌"叫"别人家的孩子"

1

"从小,我就有个宿敌,叫'别人家的孩子',这个别人家的孩子从不玩游戏,从不闲聊,也不看漫画,每天就知道学习,长得好看,又听话,回回年级第一,九门功课同步学,妈妈再也不用担心他的学习了……这个别人家的孩子,左手清华,右手北大,能考硕士、博士、圣斗士,还能升级黄金级、白金级和水晶级……"

这是网络上一度火遍了朋友圈的"别人家的孩子"写作体。

所谓"别人家的孩子",是大多数父母的"经典台词"。

至于这个"别人家的孩子"是否真的存在,反倒没那么重要了。

2

小时候,我家住在大杂院里,靠河,到了夏天炎热的时候,家家户户都会把饭桌摆到天井边,一边享受着晚风的清凉,一边吃着饭,互相聊天打招呼,一顿饭常常会吃上很久,到太阳落山才收拾进屋。

孩子们在这样的环境里,也少不了被大人"饭桌教子"几下,谁家孩子顽皮掉了筷子,谁家孩子脸上沾着饭粒子就跑了,闹哄哄的,很有生活气息。

一天,我听到了一个女邻居的训斥声:"燕子,跟你说了多少次了,菜可以剩,饭要吃完!你看看人家军军,每次吃饭多乖,饭吃得那么干净,怪不得你不长个儿!"

燕子听妈妈这么一说,丢下筷子就跑到了军军他们家摆的饭桌边,军军的爸爸一看,笑着说:"呀,小燕子这么快吃完饭了!"然后转头对儿子说:"你看看人家小燕子,每次做什么菜吃什么菜,菜都吃光,哪像你挑三拣四的,营养都在菜里,看小燕子脸色多好,看你自己,那面黄肌瘦的样子,人家还以为我们做爹妈的亏待你了呢!"

两个孩子都是一脸的茫然,而跟着看热闹的我,却忍不住躲到了一边大笑起来。

父母可有想过,在你拿着"别人家的孩子"比较自己的孩子时,别人也在拿着你孩子的优点,对比自己孩子的缺点,这样比来比去,苦了孩子,互相拉仇恨还不算,到头来,也不知道到底谁才是"别人家的孩子"。

3

这个"别人家的孩子"其实是父母为了鼓励孩子,给他设置的一个"假想敌"。

人无完人,若是总拿一个人的优点去和另一个人的缺点比较,那么"别人家的孩子"确实是永远优秀,让自己家的孩子望尘莫及。

在明朝,有这么一个故事。

一个姓张的学士,从小品学兼优,长大后为人更是谦和,朋友不少,冤家几乎不结,提起他的为人谁都说好。可是某一年,他却突然不知道得罪了哪路"神仙",身边的亲人一个个被人抓去,随便安个罪名,死的死,残的残。张先生花了不少银子,才打听出原来是一位小王爷存心要害他。

张先生又气又急,对报信的人说:"我根本不认识这位小王爷,从来没交集,到底哪里得罪他了?"

报信的人长叹一声,说道:"你不认识他,他也不认识你!"

"那这到底是为什么?"

"只因为你小时候太出色了,小王爷的母亲经常拿你给他做榜样,他的母亲经常对他说:'你有那小张同学一半儿,我就满足了。'所以,长大后,他把你记住了,逮到机会就要整你……"

做了父母,难免会拿自家孩子和别人家孩子比,主观一点也是避免不了的,但凡事要有个度,如果开口"别人家的孩子"闭口"你看那谁谁谁",孩子首先会想:父母不喜欢我,喜欢别人家的孩子;其次,就算孩子努力向着"别人家的孩子"发展,可孩子会渐渐失去自我,他们做任何努力都只是为了迎合父母的期许,希望父母某天能像喜欢"别人家的孩子"一样爱自己罢了。

所以,这句"经典台词"真是没多少营养。要知道,每个孩子都是独一无二的,你说科学家、文学家、政治家,哪一个强?这是不能相提并论的,因为各自有各自擅长的领域。

如果家长实在忍不住要多这句嘴,也请你补充一句:"你看,别人家的孩子多好!但是,只要你再努力一点,我相信你也不会比他差!"这样一来,多少还带点正面导向和鼓励孩子的作用。

批评无效时,不要转为乞求

1

我儿子安安,5岁的时候喜欢上了画画, 于是我和老公就为他报了兴趣班,请老师专门教他。儿子经常能画出天马行空,极具想象力的作品,时常被画画老师夸奖。

学了一年的画画后,安安参加了市里举办的一次画画比赛。比赛当天,现场来了很多人,轮到主持人叫安安上场的时候,他突然跑开了,我在后台角落里找到他,他跟我说:"妈妈,我不想参加比赛了。"

这句话让我很意外,我说:"你学了这么久,现在正是你向大家展示你能力的时候,你怎么能放弃呢?"即使我说了很多劝慰的话,儿子依然不为所动。

眼看着别的孩子都已经坐在座位上,看题目开始画了,见儿子依然怯场,我只好改变态度,用近乎哀求的语气对儿子说道:"妈妈求求你了,你上场好吗?比完后,你想要什么,妈妈都答应你。"

软磨硬泡下,儿子终于上场了。

回到家,我和老公抱怨,说儿子今天突然临阵脱逃,在自己的苦苦哀求下才上场。

没想到,听完我的话,老公却对我说道:"孩子不愿意参加,一定有原因,可能是从来没见过这么大场面,害怕紧张,所以怯场了。

你不能因为想要儿子获得荣誉,就推着儿子上场。

"而且,你先批评他,后来见批评无效又乞求他,这种做法很不恰当。"

"为什么不恰当?"我有些不解地问。

他说:"孩子突然不愿比赛,是对自己的不负责任,本来就是不对的行为,但你转为乞求,是在纵容孩子的任性,久而久之,孩子会越来越专横。还有,你承诺了满足他的愿望,他可能以后也会用这样的方式来换取你的承诺。"

"哦,我明白了。"我恍然大悟。

2

很多父母在批评孩子后,眼见孩子伤心不忍,又立马转换态度去哄孩子,为了让孩子高兴,父母可是把之前坚守的原则和底线都粉碎了,孩子就是这么被宠坏的。

所以,在批评孩子的时候守住自己的立场,是很重要的。

小晔是家里最小的孩子,父母一向对他百依百顺,小晔说什么就是什么。

一次,小晔看见同学骑着一辆崭新的山地自行车,感觉很威风,便让父母也给买一辆。小晔看中的那款山地车价格不便宜,父母就"哀求"道:"先别买了吧,以后家里有钱了再给你买。"小晔不肯,闹了很长时间,父母没办法,只好忍痛给他把车买了回来。

小晔的学习成绩不好,父母又用哀求的口吻跟他商量:"你要什么我们就给你买什么,只要你好好学习,你让我们干什么都行。"

进入青春期的小晔越来越叛逆,他交了几个社会上的朋友,沾染了很多恶习,因为小偷小摸或是赌博被派出所拘留过几次。父母可怜兮兮地求他:"儿子,下次别再犯了行吗?你肯定能改正的。"

后来,小晔甚至沦落到了吸毒的地步,父母多次下跪求他悔改,可已经晚了,他在错误的路上已经没办法回头了。

"我特别想让父母骂我、打我,他们越求我,我越想和他们对着干。"戒毒所里的小晔捂住脸,手腕上明晃晃的手铐刺痛了旁人的眼睛。

如果小晔的父母不是用"哀求"的教育方式,而是冷静地分析问题,多跟孩子沟通,就能很快找出解决问题的方法,小晔也许会有不一样的人生。

3

当孩子犯错的时候,父母要注意教育孩子的方法。有时候,用错了方法,反而会把孩子推入另一个深渊。

父母特别要注意,左右摇摆、没有立场的教育方法,很可能让孩子觉得父母的批评不过是随便说说而已,当自己不听时,他们还会来求自己。当孩子产生这样的想法时,他们不会再害怕父母的严词厉色,反正父母会来求自己,自己大可摆好姿态,这样一来,父母在孩子面前就失去了威信。

所以,当孩子犯错时,父母要注意批评孩子的语气和态度,不要太严厉,贬低、辱骂的话也一定不要说出口,以免伤了孩子的自尊心,从而让孩子产生逆反心理。

父母要本着尊重和理解的态度教育批评孩子，要找到孩子愿意听的方法去说，比如，孩子犯错就爱跟妈妈讲，那爸爸就不要去掺和。孩子也是讲道理的人，父母换一种让孩子接受的方式去说，孩子肯定会接受。

父母要有自己的立场，不能轻易向孩子缴械投降。好说歹说，孩子都不听时，父母的态度就要严厉一些，让孩子意识到自己的错误。当孩子改正了错误后，父母也要及时说几句表扬的话，这样，孩子会越来越乐意改正自己，让自己变得越来越好。

来点幽默，给批评加块糖

1

大人尚且不爱听批评的话，更何况孩子呢？大多数父母在说完孩子后，还经常加一句："说你你还不高兴了。"任谁被说了都不会高兴吧？批评的话用不同的方式说出来，收到的效果自然也不一样，当苦口婆心的说教和歇斯底里的训斥显得苍白无力时，不妨尝试一下幽默的批评。

儿子特别爱吃奶油蛋糕，每次吃奶油蛋糕时，都会把嘴边黏上一圈白色奶油，看上去像长了一圈白胡子似的。

有一次，我从幼儿园接儿子回家时，路过一家蛋糕店，儿子要求我给他买蛋糕吃。买完蛋糕后，儿子想马上就吃。

我说："现在吃，路上的灰尘会黏在奶油上吃进肚子里，然后在肚子里生小虫子，把肚子咬疼！"

可他不听，吵着非要立刻吃。

我想起他每次吃奶油时的滑稽样，就对他说："你每次吃奶油时都会把奶油黏在嘴边，看上去像长了一圈白胡子似的。要是你现在就吃的话，回到家后爸爸不认识你了怎么办？爸爸问我：'从哪儿来了个白胡子老头？'我该怎么回答呢？"

听了这话，儿子想到爸爸不认识他的情景，马上开心地大笑了起来，也不吵着要吃蛋糕了。

家长在批评中运用妙趣横生的形象比喻，不仅能使批评的气氛变得轻松愉快，同时也能让批评本身更鞭辟入理，从而让孩子更快地接受批评并改正错误。

2

我儿子的字写得一直不怎么好看，一次，他写完作文，便把作文拿给他爸爸看。老公看后不禁皱起了眉头，儿子的字又宽又大，格子塞得满满的，心想："这孩子写的字这么难看，太让人失望了。"换作以往，他很可能会批评孩子字写得难看，但那天，老公心情不错，便随口说了一句："儿子，我想你的字应该减肥了，字太胖了，格子都装不下了。"

晚上儿子告诉我："今天爸爸说话真有趣，说我的字太胖了，那明天我把它写瘦一点。"

这一提醒,我意识到孩子喜欢幽默的批评,那样轻松愉快的指正能让孩子认识到错误,也让他更乐意去改正。

果不其然,第二天,安安主动把写完的作文给他爸爸看。老公有些吃惊地问:"儿子,今天你怎么这么主动?"

"爸爸,你看,我今天的字写得不胖不瘦,好看多了。"儿子说,"爸爸,我明天还会写得更漂亮。"

他爸爸奇怪地问道:"你这几天为什么表现得这么好呢?"

儿子说:"爸爸,昨天你虽然批评了我,但是很幽默,我喜欢你那样的批评方式,所以我愿意好好写字。如果以后我再犯错误,爸爸能像昨天那样说话,我会更加听爸爸的话,把事情做得更好。"

$$3$$

诚然,严厉的批评有立竿见影的效果,孩子都会惧怕父母的威严,但是严厉之下,孩子是否心悦诚服呢?对孩子而言,有时候用幽默的批评,会有意想不到的效果。

德国著名演讲家海茵兹·雷曼麦曾经说过:"用幽默的方式说出严肃的真理,比直截了当地提出更能为人接受。"幽默不仅仅是一种艺术手法,更是一种神奇而高明的教育手段。如果我们懂得用幽默的方式批评孩子,能使问题点而不破,孩子就能很容易接受批评,这非常有利于错误的改正和问题的解决。

幽默能给孩子带来快乐,还能帮助孩子消除紧张和害怕,提升心理承受能力。当孩子处于身心愉悦的快乐氛围之中,对教导的接

受也会更加主动一些。有专家指出,幽默的批评体现了含蓄和宽容
的教育原则,能使孩子在享受乐趣的过程中陶冶情操,得到潜移默
化的影响,从而顺其自然地向德育方面转化。总而言之,幽默可以
帮助父母让批评教育达到最理想的效果。

幽默的批评是以智启人,耐人寻味。孩子犯错之后,家长带着
幽默的语气去批评孩子,能营造一种愉快的气氛,并让孩子从乐中
悟到做人做事的道理,从而不断进步。

当然,学会幽默地批评孩子并非易事,它要求家长具备一定
的文化修养和良好的心理素质。所谓文化修养,指的是家长要有
教育机智、生活情调以及渊博的知识。良好的心理素质,指的是家
长在孩子犯错之后,要善于克制冲动的情绪,用宽容的心态接纳
孩子的错,理解孩子的不良行为,然后平心静气地对孩子进行疏
导和教育。

批评孩子是一种严肃的教育行为,为了让孩子从严肃的氛围
中感受轻松,父母需要巧妙地运用幽默来制造快乐,使孩子从幽
默中读懂批评。幽默教子,既能消除孩子在大人面前的害怕和拘
谨,义能使孩子在轻松一笑中受到启迪,这样亲子关系将会更加
和谐。

别做事后诸葛亮，批评孩子要及时

1

朋友的儿子小波上小学二年级时，被班里同学带着迷上了玩游戏机，此后，每天五点下课之后，小波不再急着回家，而是和同学们一起先去游戏厅玩一会儿。

那段时间也是小波爸妈工作最忙的时候，他们没有时间照看孩子，便把孩子送到了不远的外婆家，外婆年迈，也管不了孩子。

后来，还是班主任跟小波妈妈打电话说了他的情况，他们才有所了解。班主任发现小波最近的作业做得都很敷衍，字迹潦草，经过几天的观察，班主任发现小波每天放学都跟着别的同学去玩游戏，这样一来，自然就没时间认真做作业了。在了解了情况后，她立即就告知了小波的妈妈。

妈妈知道后，决定晚上下班了去一趟外婆家，跟小波好好聊聊。结果，那天，小波妈妈又被工作牵绊住了，匆忙中，便把这事忘到了脑后。

一转眼，期中考试了，小波的成绩出来了，他从原来的第三名退步到了十三名。成绩下滑如此之大，让全家人都惊呆了，小波妈妈这才想起班主任提及的他玩游戏机的事。

当天晚上，小波妈妈狠狠地批评了小波，但效果并不好。小波已经沉迷在游戏中了，不是说改就能改掉的。

2

有一个成语叫"防微杜渐"，说的是在错误或坏事刚露出苗头时，就要极力制止，不让其发展，不然等到问题成熟后，解决起来就没那么简单了。对待孩子的错误也是这样，不要让错误一错再错，晚了就覆水难收。当父母发现孩子有不好的行为习惯后，要及时制止，帮助孩子改正，不要造成更严重的后果。

成长路上，孩子会面对许多诱惑，因为心智不成熟，缺乏抵制力，很容易沉迷其中，难以自拔。家长要多与孩子交流，密切关注孩子的言行，一旦发现孩子身上有不好的行为习惯后，要及时给予孩子批评教育。

很多父母把孩子送到学校后，就一心忙自己的事了，就算回到家里，也没少忙工作的事，和孩子交流不了几句，更谈不上对孩子身心的了解。有时候，若不是身旁人或者老师说起孩子的变化，做父母的都意识不到。还有些时候，父母对孩子的错误太过纵容，想起来了就说几句，想不起来就让孩子自生自灭，等到孩子犯下了大错，才把孩子叫到跟前，骂个狗血淋头，让孩子无地自容，这只会进一步加深亲子之间的隔阂。父母这种忽冷忽热、一时松一时紧的教育方式，对孩子的成长是很不利的。

在孩子犯错时，父母若没有及时指出来，孩子很可能会再次犯同样的错误。

还有一种情况是，父母在孩子犯错的当时没有及时批评，孩子之后意识到了自己的错误并改正。等到父母事后想起，不由分说地把孩子拉出来说教一通，全然不给孩子解释的机会，这样很容易让孩子产生逆反心理。孩子会说："我已经知错了,你为什么还要批评我。"孩子会很受伤,也会责怪父母对自己的关心不够。

3

孩子,尤其是幼儿,他们的时间观念比较差,加上好玩的天性,导致昨天发生的事情,在他们看来仿佛过了好多天,刚犯的错误转眼就会忘掉。因此,父母批评教育孩子要趁热打铁,不能拖拉。否则,事后批评往往收效甚微,甚至还会带来新问题。

所以,父母的批评要及时。在孩子犯错的当下就要严厉指出。若是延迟批评,很容易让孩子产生排斥和逆反心理。

无论孩子犯了什么错,让他好好吃完饭再说

1

乐乐上小学时,爸爸一直在外面工作,每逢节假日才回一次家。

爸爸与儿子的交流时间很少,每次回家都把乐乐弄得很不开心,因为爸爸很喜欢在餐桌上对乐乐进行批评教育。

有一次,谈及乐乐最近的一次考试成绩。那次,乐乐数学考得不太好,很多题丢分不是因为不会,而是因为粗心,乐乐当时也认

识到了自身的错误。结果,爸爸在餐桌上还一个劲儿地说乐乐,还说:"我像你那么大的时候,可都是拿满分的。"爸爸说了一大堆,越说越有劲,后来,乐乐一声不吭地放下碗筷跑回了自己房间。

爸爸走后,乐乐在妈妈面前气愤地抱怨道:"最讨厌跟爸爸一起吃饭了,每次吃饭都要说我。"

饭桌是用来吃饭的,却被很多父母当作教训孩子的场所。因为父母大多时间比较忙,只有吃饭的时间过问孩子的情况,然而,过问孩子的情况不外乎孩子的"成绩""不良言行",这些似乎都离不开批评说教。如此一来,饭桌成了罚场,美餐也变得索然无味。

2

萌萌5岁的时候,周妍从全职太太变成了职场人士,把萌萌交给她奶奶带。周妍和丈夫每天早出晚归,几乎没什么时间与女儿交流。

一天下午,萌萌从外面玩耍回来,对奶奶说:"奶奶,饭做好了没有?"

"好了,好了!"奶奶急忙端上饭菜,萌萌忘了洗手,快步冲到餐桌旁,直扑美味佳肴。

周妍一看这还得了,忍不住说:"你这孩子,怎么一点都不知道尊老!奶奶、爸爸、妈妈都没上桌呢,你急什么,还不快去洗手!"萌萌一愣,灰溜溜地跑到洗手间洗手。

等大家都围坐在餐桌旁,晚饭才真正开始。萌萌可能是饿了,吃起饭来狼吞虎咽。爸爸看不下去了,说:"吃起饭来这模样,哪像个女孩子。"萌萌嘴角一撇,面露不悦。吃着吃着,萌萌不知不觉又狼吞虎咽了起来。周妍看到后,眉毛不由自主地皱了起来,吼了一声:"好好吃!"萌萌吓了一跳。

周妍又想起萌萌还有吸鼻涕的毛病,于是趁着就餐的时间对萌萌进行教育。没想到,萌萌的眉头一点点拧了起来,最后竟然生气地把碗筷往桌上一扔,哭了起来。之后的几天,每逢吃饭,萌萌都想办法拖延,或者干脆把饭菜弄到碗里回自己房间去吃。

后来有一天,周妍从一本书里看到了这样的内容:"在正常情况下,小孩子一到吃饭时间就会产生旺盛的食欲,分泌较多的唾液,但如果突然遭遇责问、训斥,精神就会紧张,食欲就会大减,唾液分泌迅速减少。长此以往,孩子就会形成不良的条件发射,一到吃饭,孩子的精神就紧张,也就没什么食欲了。久而久之,孩子有可能厌食。"

周妍庆幸自己及时看到了这段话,并且意识到了自己的错误。

从此以后,周妍和丈夫再也不在饭桌上批评女儿了。每次吃饭,大家都围绕眼前的美食闲聊,讨论哪个菜好吃。在一片讨论声中,萌萌的好胃口又回来了。

3

现代的生活节奏越来越快,父母忙于工作,减少了与孩子之间的交流,而晚餐是一家人聚得最齐的时候,因此,进餐时间就成了父母与孩子沟通的时间。可是,这种沟通多半以批评教育为主,饭桌成了课堂,父母不是对孩子的学业刨根问底,就是对孩子的不良习惯横加指责,弄得孩子很不舒服,使全家团圆的饭桌充满了"火药味"。

父母教育孩子，要选对时机和场合。有些父母觉得，不能在人多的时候批评教育孩子，那样容易让孩子的自尊心受伤，于是，便选择在饭桌上教育孩子。这样做确实不会让孩子丢面子，却会让他丢掉吃饭的心情。所以，无论孩子犯了什么样的错误，父母都不要在饭桌上批评孩子，那会妨碍到孩子的健康成长。

英国教育家斯宾塞说："一家人吃饭时，是争论还是谈话，是称赞还是训斥，是一个很好的测量计，它可以看出这个家庭是在疏远分离还是在越来越亲近。"

身为父母，在饭桌上可以说教孩子，但要注重说教的方式，可以善意引导孩子，让孩子自己承认自己的错误。当孩子自己有所反省后，父母要给予孩子肯定和称赞，让孩子重拾愉悦心情，高高兴兴地享受美食。只要把批评换成称赞，孩子就不会沮丧失落，自然也就不会讨厌每一次的"饭桌会议"了。

中国有一句古训："食不言，寝不语。"不过，一家人吃饭，什么都不说的话，似乎也少了点乐趣。饭桌上，父母可以把表达的机会留给孩子，听孩子讲一些校园趣事、每日见闻等。用好吃饭时间，可以加深一家人的感情。在饭桌上，也是父母了解自己孩子食物爱好的机会，孩子爱吃什么、不爱吃什么，一目了然。饭桌上理应一派祥和，相谈甚欢，如此才能让人胃口大增。

所以，家长要切记，不要在饭桌上对孩子进行批评说教，尽量不要谈让孩子紧张的话题。

杜绝情绪化的批评

1

那天,老公开车下班回家时闯了红灯,回到家看到儿子在沙发上乱蹦乱跳,原本不好的心情更加糟糕了。于是,他对儿子一顿臭骂,儿子莫名其妙被责骂,嘟着嘴回到了房间。

晚上吃饭的时候,老公心情已经雨过天晴了,儿子鼓起勇气问:"爸爸,你在生我的气吗?"

老公一时没反应过来,诧异地说:"没有啊,没生气啊!"

儿子说:"那你为什么经常下班回家都阴沉着脸呢?"

儿子的话引起了我们的反思。以前老公批评儿子,确实带着情绪化,有时候甚至把他当成出气筒,把不愉快的闷气往他身上撒。

被这么一提醒,老公反省了自己的错误,决定每天回家前,要把不开心的事情关在门外。

从那以后,每天老公到家之前,都会整理一下自己的坏情绪,开开心心进家门。他发现这样减少了很多情绪化的批评,再也没有和孩子无缘无故地争吵了。有时候,儿子不懂事,真的让我们恼火,这时,我会劝老公,赶紧到屋外冷静一下。换一个环境可以让自己的怒气平息,避免带着坏情绪批评儿子,让儿子无辜受气。

当然,偶尔也有控制不住情绪的时候,如果情绪失控伤害了儿子，我们会在冷静下来后及时向他道歉，真诚地告诉他："这不是你的错，是爸爸(妈妈)刚才的心情被坏情绪占据了，因为大人也有情绪不好的时候，对不起儿子！"

情绪化的批评会伤害孩子，事后，父母自己也会感到内疚，很多父母在随后的生活中用溺爱的方式来弥补自己的过错，补偿孩子，结果会让孩子感到无所适从。经常这样做会让孩子的人生观产生扭曲，判断是非对错的能力大为降低，结果会向错误的一面发展，影响他的为人处世，甚至未来的发展。

2

小薰的姨妈把表弟送到他家里来过暑假，小薰十分开心。好不容易有个小伙伴，两个孩子玩得忘乎所以。他们在小区里嬉闹，比赛谁跑得快，回家时没有脱鞋就进了家门，干净的地板立即被两双脏兮兮的球鞋踩脏了。

中午，小薰的妈妈回来，炎热的天气让她的心情本就非常烦躁，结果进门发现家里一片脏乱，这无异于点燃了火药桶。于是，她气愤地对小薰吼道："不知道进屋要脱鞋吗？越大越不懂事，一点不体谅大人的辛苦！"小薰顿时像泄了气的皮球，失落地坐在沙发上。

表弟打电话把这事告诉了姨妈，姨妈觉得自己的儿子在别人家添麻烦了，就把他接了回去。在随后的几天里，小薰一直闷闷不乐。这时，妈妈后悔了，她觉得自己前几天的批评过于情绪化，不但伤了孩子的自尊，还破坏了孩子原本快乐的假期。

于是,妈妈决定找机会鼓励小薰,让他重拾美好的心情。

看到小薰把被子叠好了,妈妈笑着对他说:"你叠的被子真整齐!如果下次小表弟再来,你们可以比赛,看谁叠的被子整齐!"小薰先是眼睛一亮,之后又丧气地说:"小表弟都不知道什么时候来呢,都没人跟我玩了!"

妈妈有点难堪,但继续微笑着说:"妈妈那天也许是语气重了点,但谁都喜欢一个懂事、讲礼貌的孩子,如果你成了这样的孩子,大家自然会跟你玩啊。再说,我们也可以去看小表弟,他看到你这样懂事,也会向你学习的。"

小薰听到这话,又高兴了起来。后来,妈妈果然带着小薰去看了小表弟,并鼓励他们一起做文明礼貌的孩子。

通过一系列鼓励,小薰的笑容越来越多。暑假以后,妈妈还发现小薰变得越来越爱整洁了,他不但爱整理床单被褥,还爱打扫卫生,连作业本上的字都写得工工整整。

3

经常听到有的父母说:"孩子还小,不懂事,不会记仇。"他们认为孩子不会记仇,于是把孩子当成"出气筒",觉得没什么大不了。这种想法真的大错特错,孩子虽小,却有独立的人格和自尊,父母不应该无视他们获得尊重的需求。

再者说,即使孩子纯真的心灵不会去记恨父母,可父母这样做,孩子会认为父母不喜欢自己或自己做错了什么,进而产生自卑感,日后可能产生心理疾病。这样的结果,任何一位家长都不愿意看到。

如果父母经常带着情绪去拿孩子出气,无缘无故训斥孩子,会让孩子把打骂看成"家常便饭"。之后,当孩子犯错时,父母的训斥和责骂就没有多大效果了,孩子会对这些司空见惯的行为没有任何反应,教育将起不到任何作用,这会为今后教育孩子增加难度。所以,明智的父母要杜绝用情绪化的批评来教育孩子。

第九章

懂,是世界上最优秀的教育

孩子也要给"面子"

1

有一次,我和老公带着儿子报团外出旅游。在旅游大巴上,我和老公坐在一起,儿子和一位阿姨坐在前面的座位上。

汽车走了一半,阿姨晕车不舒服。我敲着儿子的椅背说:"还不快点和阿姨换个位置,让阿姨坐窗边!"

儿子正在欣赏风景,没留意我说什么,老公顺手在儿子的头上拍了一下:"听到没,还不快点和阿姨换位置!"他的声音很高,车上很多人都朝我儿子看了过来。

儿子很生气,想也没想就说道:"为什么让我换,车上这么多人呢!"

194

老公觉得下不来台，生气地说："儿子，你这样不懂礼貌，我们以后就不带你出来玩了！"可是，儿子还是一动不动。

这时，导游小姐走过来，微笑着说："小朋友，这位阿姨晕车，身体不舒服，坐在窗边吹吹风，可能会好点，你说是不是？"

儿子虽然还是没动，但脸上的表情已经不是那么倔强了。导游小姐接着说："小朋友，你是和爸爸妈妈一起出来的，你已经在窗口坐了很久了，风景也看了一路，这个阿姨晕车，又是一个人，你如果肯和她换个位置，让她也看看风景，她一定会很感谢你，我们也都会很高兴的。"

这时，那位阿姨有点过意不去，立刻说："我一会儿就好了，不用和小朋友换位置……"

"没事的，阿姨，我和你换。"儿子站了起来，换好位置后，阿姨和导游小姐都对儿子说了"谢谢"，周围的人也说："这是懂事的孩子啊。"儿子脸上露出了笑容。

随着年龄的增长，孩子对一些事会有很多自己的想法。这时，孩子会想要脱离父母或者制度下的种种约束，想要不受控的人生，他们会努力为自己的坚持争辩。

在和孩子沟通时，如果父母的态度专横，总是采用命令的语气，孩子会觉得很没有面子，进而采取一些对抗的做法。所以，父母要尽量了解并满足孩子的面子和心理需求，在赢得了孩子的好感后，孩子会心甘情愿地与你合作。

2

爸爸给5岁的乐乐买了一种新型汽车玩具。

一次,乐乐正在玩,舅舅家的哥哥来了。哥哥想和他一起玩,但乐乐始终抱着玩具车不肯撒手。没办法,哥哥只好说:"那我不跟你玩儿了。"转身便要回家。

爸爸看到了,说:"将玩具拿给哥哥,快点!"乐乐很不服气,索性将自己的所有玩具都搬进了书房。

爸爸见他这样,开始反省自己是不是太粗暴了,他没有立即责骂乐乐,而是耐心地对他说:"乐乐,也许你可以试着体会一下两个人一起玩玩具的快乐呢!"

乐乐思考了一下,接受了爸爸的建议,抱着玩具对哥哥说:"那我们一起玩吧!"说完,乐乐立即将汽车递给了小哥哥,两个人一起玩起了合作游戏。

孩子大多以自我为中心,他们很少关注别人,自然也完全没有和别人合作的意识。这时,如果父母的期望和孩子的需求能够一致,彼此之间的合作就很容易实现。

3

作为父母,要多为孩子们创造与伙伴交往的机会,在实践活动中引导孩子学会合作,但不要当着其他孩子的面批评自己的孩子。孩子是在与小伙伴的交往中逐渐学会合作的,如果想让孩子学会合作，有"第三者"在场时，就要尽量避免用孩子不喜欢的方式和他沟通，不要用命令的口吻，不要太大声，音量控制在两个人之间最好。

父母只有具有正确的教育观，才能创造出良好的家庭环境。一个民主开放、包容平等的家庭环境，更容易培养孩子自信开朗、阳光活泼的个性，在这种环境下成长的孩子，也愿意并且乐于和别人合作。

然而，在相当多的家庭中，父母完全没有尊重孩子的意识，他们总是以父母长辈的身份来命令孩子，喊着"让你干吗就干吗"，剥夺孩子自我选择的权利。这种做法相当不妥。

要想让孩子学会和家长合作，首先就要把孩子当成合作伙伴。你可以事先和孩子沟通：你希望他在什么场合有怎样的一些表现，什么样的表现是你欣赏的，哪些表现是会让你感到难堪的。只要父母没做出太让孩子丢面子的事，父母的需求，孩子肯定不会拒绝。

家长在平时要注意让孩子经历各种磨炼，适应不同的环境，这样可以消除孩子以自我为中心的意识，学习了解他人的感受和需要，有助于实现与他人的合作。

放下身架,多商量,少命令

1

有一天,儿子放学回家晚了,一进门便低下了头。

我尽管又急又气,但还是克制住了情绪,没有对他发火,而是像往常一样,帮他拿下肩上的书包说:"看你一头汗,快去擦擦!"

说完,我便进了厨房,让自己的情绪稳定一下,免得忍不住责备他。半个多小时后,我摆满了一桌子的饭菜,说道:"饿了吧,多吃点!"

儿子看看我,说:"妈妈,你也吃!"

等儿子吃完饭,我才对他说:"你今天怎么回来这么晚呀? 我在家门口等了你好久,菜都凉了,热过后味道有点不好吃了,是吧?"

儿子说:"妈妈,对不起,让你担心了。我陪同学买东西去了,所以晚了些,以后我会尽早回家的!"

我说:"以后如果有事情,要先给妈妈打个电话告知一下,要不然我会很担心你。"

儿子高兴地亲了一下我,说:"好的!"

使用商量的语气说话,会让孩子认为父母是尊重他、关心他的,让孩子对父母产生一定的好感和信任。这不但有利于促进亲子沟通,也有利于亲子之间更好地合作。

2

为了能与孩子合作,家长使用了各种各样的办法,比如,哄骗、规劝、诱导、命令、威胁、惩罚等,可以说是办法尽施。可是,有多少孩子因为这些"手段"的运用,而积极地与父母合作了呢?

想要孩子积极合作,家长一定要学会与孩子商量,发现孩子出现问题时,要积极地把自己的意见耐心地传递给孩子,让他进行思考和判断,然后再行动。同时,还要耐心地听取孩子的想法。将自己置于和孩子一样的思维高度,一定能找到解决问题的办法。

即使孩子年纪较小,父母也不能忽视和他们的沟通,不要自作主张。在民主平等、相互尊重的家庭氛围中,孩子也会养成事事都和父母商量的习惯。

如果孩子事事都不愿告知父母,做父母的可以反省一下,自己是否在很多时候习惯性地自作主张,没有给孩子选择的机会,从而失去了孩子的信任?

3

不要以为孩子什么都不懂,只要听自己的安排就好。这样的想法大错特错。不管孩子多小,父母都不要忽视孩子的想法,凡事都要和孩子平等商量。

当孩子的观点和父母观点不同时,父母不可以用自己的权威来压制孩子,说一些对亲子关系有影响的话,比如"你知道你花的是谁的钱吗"?"你没有资格反驳我"之类的话。这些话说出口,会给孩子造成很大的精神压力,觉得自己是靠父母而活,没有任何自主权利,同时也会让孩子产生逆反心理,恶化亲子关系。

在这种情况下,父母要使用协商的口吻,让孩子体会到父母对自己的尊重。

父母与子女的相互信任是成功家教的重要因素。只有父母放下架子,从孩子的观点上来思考问题,从孩子的角度来观察、决定事情,孩子才会更愿意接受父母的建议。

事实表明,父母以居高临下的姿态跟孩子说话,反而会使孩子产生逆反心理。只有父母转变姿态,像对待朋友那样去跟孩子商量,才有可能让孩子感受到平等,让孩子乐意和自己合作。

主动将自己的感受告诉孩子

1

虽然父母和孩子的缘分是天生的,但即便如此,彼此之间也不能全然地理解和体谅,每一份深厚的感情都需要双方的共同努力。

这几天,由于工作关系,杨丽的心情很糟糕。她想和老公聊聊,可老公在外出差,工作繁忙,好在女儿大了,倒是可以跟她说说心里话。

"宝贝,妈妈这两天心情不好,你可以陪妈妈说说话吗?"

"妈,你要跟我说什么,说了我也不懂。"

"我和你聊聊天就行。"

"哎呀,妈妈,你有什么话就直接说吧,我现在手头上好多事没做呢。"

看女儿这不耐烦的样子,杨丽有些泄气。女儿似乎没什么兴趣听自己的唠叨,都说女儿是妈妈的小棉袄,可是她都那么大了,还是不知道体谅人。不过,这要怪也只能怪自己和女儿相处太少了,让每一次的交流都尴尬收尾。

可以说,所有父母都希望自己能和孩子多亲近一些,但随着孩子的成长,父母发现,跟孩子的距离变得越来越远,彼此间的沟通交流也变得越来越困难了。

这是怎么回事呢?

一项调查显示,70%以上的父母承认没有耐心听孩子说话。很多时候,是父母不给孩子沟通的机会。父母忙于工作,忙着养家,忙着照顾老人和孩子,一旦有了空闲时间,他们问孩子最多的是他们的学习问题。久而久之,孩子就知道,只要父母一开口,肯定就是问学习。这样,他们就会回避跟父母的交流。即使父母偶尔心血来潮,想跟孩子说几句真心话,孩子们也不会买账。

2

父母不仅是孩子的第一任老师,也是孩子终生的教育者。天下的父母都无法回避这个问题——如何和孩子交流自己的感受。这也是我们必须解决的问题。

其实，解决这一问题的关键在于父母本身。只要父母积极改变自己的沟通态度，主动将自己的感受传递给孩子，这个问题就很容易解决了。

"我今天跑完800米了，想讲给妈妈听，但她却不耐烦地说：'好好好，妈妈知道了，妈妈很忙，你去玩儿吧。'"有一个女孩说。

还有一个男孩说："妈妈嫌我烦，嫌我吵，说我话太多。我已经好久都不跟她讲话了。"

在孩子小的时候，倾诉欲很强，总是有说不完的话，喜怒哀乐都挂在脸上。等到孩子长大后，父母总会感叹，那个时候真好。其实，那个时候，面对孩子的滔滔不绝，听着孩子的童言稚语，父母之所以觉得烦，可能是因为自己情绪的原因，也可能是因为孩子总是习惯将一件事翻来倒去地说无数遍，这让大人觉得毫无意义。

其实，想要孩子的话变得"有内容""有意义"，需要父母的引导。

比如800米长跑的问题，妈妈可以引导孩子讲述长跑中的故事："你是第几个跑完的呀？""有没有小朋友给你加油啊？""你跟鼓励你的老师同学说谢谢了吗？"一问一答间，可以教会孩子做生活的有心人，细心观察集体团队，还可以教会孩子坚持和感恩。

不知道跟孩子聊什么，或者跟孩子交流不下去，说到底还是父母的心态和方法不正确。想让孩子和自己实现良好的合作，就要主动将自己的感受传递给孩子！

3

在孩子的生活中，有许多不方便、不情愿、不好意思的情况，这时候，家长可以用写便条的方式来解决问题。

情景一

一个孩子总是乱放东西，妈妈很苦恼。她提醒过孩子很多次，可都不起作用。最后，妈妈想出了一个有效的方法，就是将便条贴在相关物品上。比如，她看到儿子将毛巾乱放，于是便在毛巾架上贴上了一个便条：

小朋友：

请把我放回原处晾干。

谢谢！

毛巾

儿子看到便条后，意识到了自己乱放东西的不良行为，马上按便条上写的去做了。

情景二

一位爸爸看到儿子不收拾东西，很不满意，经常会对儿子大喊大叫。有一次，他不想再对儿子吼叫了，便使用了写便条的方法。

亲爱的儿子：

我知道你忙于运动和学习，但这堆纸需要收拾一下，请把它捆在一起。

谢谢！

爸爸

看到爸爸留的便条,儿子感到很开心,因为爸爸顾及了他的感受,没有当面斥责他,所以他开开心心地收拾了东西。

使用便条和孩子进行沟通,少了对孩子的大声喊叫和训斥,既不会伤害他们的自尊,也不会让他们有逆反心理,还能鼓励孩子与家长合作,不留下任何的负面感受,真的是一举多得。

当着孩子面,父母不能互相"拆台"

1

很多人都爱问孩子:"爸爸和妈妈,喜欢谁更多一些?"这个问题可能会让孩子为难,因为孩子知道,爸爸和妈妈都很重要,谁都不能少。

西西早上一起床,就听到了爸爸妈妈的争吵声。等到西西洗漱完吃早饭时,饭桌上只有妈妈,不见爸爸的身影。

吃早餐时,妈妈的怒火还没熄,开始一个劲儿地在儿子面前数落孩子爸的不是:"今天早上,你爸就为了谁先起床的事和我吵起来了。你说,我为了你们父子俩,想偷个懒多睡会儿都不行吗,你爸真是一点都不知道心疼人，他工作辛苦，我不辛苦吗？他成天就围着工作转，别的什么都不管……

"你说，他算个称职的爸爸吗？他管过你吗？从小到大，他没看过你的作业，没参加过你的家长会，也没接过你放学……"

"妈，我吃饱了。"西西听着听着就不想吃饭了，背着书包上学去了。

这一整天，西西的心情都不好，心里总是忍不住地想："爸爸真的是那样的人吗？"他越想越烦躁，完全听不进去老师讲的课。

2

父母对孩子的爱是无私而伟大的，但也有很多不理智的时候。比如，父母以及双方家庭在面对孩子的教育问题上，可能会产生各种各样的分歧。

人们都讴歌父爱如山，母爱似海。父母都爱孩子，但爱的方式却全然不同。爸爸可能是那个"糟糕极了"的理性客观之人，而妈妈则是那个"精彩透了"的感性之人。

苏苏很怕爸爸，因为爸爸很严厉，当妈妈要给他买零食玩具的时候，爸爸总会跟他讲，这个玩具有什么性能，性价比不高，还有，不能太贪心，一次只能买一样等。有时候，他不想爬楼梯了，爸爸宁愿陪他慢慢走，也不答应背他。

在爸爸面前，苏苏会很有挫败感。

与爸爸的诸多限制不同，妈妈不管自己提什么要求，都会尽量帮他完成。所以，苏苏觉得妈妈就像天使一般。

爸爸想培养儿子的独立性,不想儿子过于依赖他人;而妈妈害怕孩子吃苦,所以事无巨细全都为儿子做好。这么一比较,在6岁的苏苏心中,自然更喜欢妈妈。夫妻二人常常为了儿子的教育吵架,苏苏爸爸希望妈妈在自己当坏人的时候多配合一下,不要总是抱起儿子就跑,可妈妈总是管不住自己。有些时候,因为有妈妈的袒护,爸爸的威严在苏苏面前荡然无存。

父母因为这些"为了孩子好"的事情吵闹时,不要和孩子说类似"你爸不疼你""你爸不够爱你"之类的话,把双方的分歧暴露在孩子面前,很容易影响孩子对父母的看法,也会导致孩子和父母的感情不睦。

3

夫妻之间难免有争吵,但尽量不要当着孩子的面吵吵闹闹,也不要在孩子面前说对方的不好。特别是当孩子还小的时候,父母的吵闹可能会在孩子心中种下"婚姻不好"的种子。爱是一种能力,父母要努力让孩子活在有爱的环境中,孩子才能慢慢拥有爱人的能力,才不会在将来的亲密关系中酿成苦果。

在孩子面前,要尽量说对方的好,这样才能树立对方的威信。当然,父母要真正做到互相欣赏、情真意切,不能只是说说而已,让孩子看到父母的相爱和欣赏,彼此的开心和幸福,孩子才会不断靠近和拥抱。

吵得不可开交时,不如想想当初,两人共同建立一个家庭的不容易,而且彼此还有了爱的结晶,不能为了谁付出多一点、谁付出少一点而斤斤计较,要更多地体谅对方的难处和辛苦,多站在对方的立场看问题。早日解决彼此的矛盾,让孩子不用站队。

所以,夫妻双方发生分歧和矛盾时,尽量让自己冷静下来,及时沟通。不要把生活中的小问题堆积成山,最后变成厚重的抱怨。通过沟通达成和解,对孩子的教育更有利。

换位思考,站在孩子的角度看世界

1

一位教授给在美国宾州大学医学院攻读医学和心理学双博士学位的女儿的一封信中这样写道:

"总结我几十年的人生哲理,'假如我是他'是一种很好的自我学习和锻炼的方式。你可以用这种方式试试当教授、当校长,还可以试试当议员、当总统。这是你的自由和权利,也是自我培养、自我提高的有效手段。"

这位教授的女儿在美国求学多年,处事方式西方化,但思维方式从小受父母的影响,颇具东方色彩。她对记者说:"吃什么、穿什么、今天冷不冷、要不要添衣服,这些事我从小就懂,爸妈不用为我操心,也不用唠叨。但遇上大事情,例如,读什么学校、选什么专业,我会主动找爸妈商量,听听他们的意见。"

她在美国攻读博士学位期间,突发奇想:"休学两年,回国内乐坛发展。"

面对这种情况,教授依然以"假如我是他"的哲理来处理。他认为女儿会半夜起来作曲,说明她有艺术灵感,有艺术创作冲动,父母不该强行干涉,扑灭她的创作"火花"。平时,这位教授也从不强行要求女儿去做什么、想什么,只是根据自己成长的经验给她一些指导。因此,他很尊重女儿的选择。

事实证明,艺术与科学是互通的相得益彰的。这两年,女儿在国内成功地举办了多场个人演唱会,录制了歌曲专辑,拍过音乐电视,还先后两次荣获过中央电视台MTV大赛特别荣誉奖。

可以说,正是"假如我是他"的换位思考,使这位教授将女儿推上了人生成功的康庄大道。

2

许多父母在教育孩子的时候,都有一种自我倾向——帮孩子定制人生,全然不顾孩子的态度和看法,把自己认为好的交付给孩子。父母完全从自己的角度出发,按照自己的经验来解决孩子的问题,自以为那是最好以及最正确的方法。这类父母在开口训导孩子前,已经先入为主了,孩子愿意接受最好,不愿意接受也得接受。

父母的自我倾向,说得好听是为了让孩子少走弯路,不好听就是父母思想封建,不尊重孩子,觉得孩子是自己的"作品",事事都要遵从自己的心意,不考虑孩子的态度和想法,把自己作为绝对权威的存在。

孩子是独立的个体,太过强势的父母,反而很难让孩子信服。只有尊重孩子,才能更好地调动孩子的积极性,达到最好的教育效果。

自我倾向严重的父母,要多跟孩子平等沟通,多站在孩子的立场看问题,如此才能给孩子一个和谐、融洽的坏境,让孩子更加理解和信任父母,愉快地接受父母的建议和教诲。懂得换位思考的父母,更容易教出善解人意的孩子。

3

以下几个问题有助于家长进行换位思考:

我的说话方式和行为方式能让孩子接受吗?

孩子对我为他们所做的选择会有什么想法?

我希望孩子用我对他的方式对我说话吗?

孩子想要的是什么?

我认为好的,孩子真的喜欢吗?

比如,孩子性子倔,一条山路他过不去,你把他抱过去了,但孩子不接受,他又爬回去了,结果在爬过来的时候,被滑落的一块石头弄伤了腿,孩子哇哇大哭。面对孩子的大哭,很多家长可能会对孩子发脾气,觉得孩子受伤完全是因为自己逞强,都是自找的。如果父母能做一番换位思考:"如果是我,我也想自己走过去吧,想要一段不一样的体验。"孩子受伤时,肯定是不想听到自己的嘲弄的。

很多家长都希望自己的孩子听话,但或许是在与孩子的沟通交流中不得法,所以总是适得其反,最后,只顾着骂孩子不懂事。父母若不能将心比心,就很难了解孩子真正的需求。

人与人之间的相处,都需要换位思考。在心理学上,换位思考是一种"情商高"的表现。只有具备换位思考能力的人,才能获得良好的人际关系。家长对换位思考的实践是对孩子的良好示范,为孩子在将来的人际关系中播下健康的种子,让孩子懂得主动倾听,鼓励和支持他人,为他人着想。

请耐心听完孩子的话

1

有时候,孩子的思维方式与大人的思维方式是有所不同的。

双休日,我们经常和朋友结伴,带着彼此的孩子去郊游。

朋友的儿子只有5岁,玩到中途的时候,他妈妈口渴了,便对儿子说:"儿子,把你背包里的苹果拿出来给妈妈解渴,好不好?"

她儿子毫不犹豫地拿出了3个苹果,但让我们没想到的是,她儿子居然挨个咬了一小口。

他爸爸见状很生气,正想严厉训斥儿子一通时,他妈妈耐着性子对儿子说:"好孩子要懂礼貌,你为什么这样做呢?"

儿子奶声奶气地说:"我想先尝尝,把最甜的留给爸爸妈妈。"

我们听后心头一震,同时也暗暗庆幸自己没有随意打断孩子的话而冤枉孩子。

那时候,我想起来,我曾在一个美国节目中看过一个有趣的故事。

主持人很出名,那一期节目的嘉宾是一位小孩。

主持人问小孩:"假如你驾驶飞机载着乘客在空中飞行,飞机突然没油了,你作为机师,怎么办?"

小孩直截了当地说:"我就赶快跳伞,让他们在飞机上等着我,我要第一个跳伞!"

坐在台下的观众哈哈大笑,觉得孩子鬼灵精怪,自我保护意识还挺强,发生故障,先想到自己跳伞逃生。

主持人接着问道:"然后呢?"

小孩说:"我去取汽油,我还得回来救他们。"

听到这句话,那些大笑的观众沉默了,他们没想到孩子能说出如此感人的话。如果主持人当时打断孩子的话,没有问接下来那个问题,大人们可能就会忽视孩子内心的博爱。

随意打断孩子的话,不仅不利于孩子表达能力的提高,久而久之,还会使孩子产生自卑情绪。孩子在对父母诉说内心感受的同时也可以提高表达能力、交往能力,如果父母剥夺了孩子的表达机会,孩子就会产生语言表达能力、交往能力上的障碍,容易出现自卑情绪;另一方面,父母不能认真倾听孩子说话或和孩子缺少沟通,使得彼此间缺乏信任,导致"代沟"产生,甚至产生敌对情绪,对孩子的成长非常不利。

2

　　儿子上小学5年级的时候,我接到老师打来的电话,要我去学校一趟。等我赶过去时,看见儿子正低头站在教室门口。

　　老师生气地说:"上课时,安安影响同学听课,我说了他很多次,但他都不听,所以让他出来冷静冷静。"

　　我心想,儿子一向很乖,今天怎么会对老师做出这么反叛的事?尽管有些疑惑,但我还是笑着对老师说:"不好意思,给您添麻烦了。"

　　这时,旁边的儿子听了这话,似乎显得很不高兴,他狠狠地推了我一下,然后大步走掉了。

　　我与老师道了别,然后追了出去。

　　我拉住快速向前走的安安,温柔地问道:"刚才为什么要推妈妈?"他嘴唇动了动,但没有说话,眼泪却流了下来。

　　我继续说:"安安真是长大了,是个大男孩啦!刚才推妈妈那一下,还真有劲儿啊!"

　　这时,儿子终于哭出了声,他抽泣着说:"妈妈,对不起!"

　　我笑了笑,说:"儿子,妈妈把你养大,会不了解你的性格吗?我一直对老师的话有所怀疑,你和老师之间一定存在什么误会,我想你会告诉我原因的,没想到你就那样走掉了。"

　　儿子说:"同桌把我的文具盒藏了起来,我要他还给我,他不还,我上课没法记笔记,只好去翻他的书包,没想到被老师看见了。妈妈,对不起,我错了。"

　　我笑着说:"有问题要及时说出来,不然别人也不知道真实情况。好啦，儿子，过去就过去了，现在，我们去吃饭，但是，下不为例啊。"

孩子在学习和生活中会遇到各种各样不愉快的事，当他们被琐事所烦扰时，他们也需要一个发泄口。此时，父母要认真做一个聆听者，引导孩子说出心中不快之事，消解孩子心中的烦忧。

3

一份调查显示：80%的孩子心理障碍和家庭教育有关，特别与父母和孩子缺乏沟通交流有关。孩子虽小，但他们有人格尊严，认知世界有自己的独特视角，他们有表达内心感受、阐述自己观点的愿望。父母应耐心地让孩子把话说完，只有这样，才能互相沟通理解，建立健康、和谐的亲子关系。

愿我们一直相亲相爱

1

爱迪生是世界著名的发明家，一生中大大小小的发明共有2000多种，人们称他为"发明大王"。他出生于美国一个贫苦家庭，自幼富于幻想，爱动脑筋，特别喜欢捣鼓科学小把戏。

爱迪生只上过三个月的学,三个月后,他被老师以"低能儿"的名义赶出了学校,这使爱迪生幼小的心灵受到了很大的打击。然而,他的母亲最了解儿子,她不认为自己的儿子是低能儿,她相信孩子的才华。后来,母亲专门在地下室里为爱迪生开设了实验室,支持孩子的科学小试验,这使爱迪生的发明能力得到了激发。

爱迪生的成就与母亲为他创造的家庭氛围分不开。

孩子绝大部分时间生活在家庭里,家庭环境对他们有耳濡目染、潜移默化的教育作用。

因此,父母要努力创设良好的家庭环境,支持孩子自由成长。

2

著名剧作家沙叶新的女儿有一次回国探亲,和父母谈起了同在美国留学的弟弟,说弟弟想娶个黑人姑娘,父母不由大吃一惊。

"爸妈怎么还有种族歧视?黑人女孩是黑珍珠,身材好极了,长得也漂亮。"

"我倒没有种族歧视。"沙叶新接话说,"我就担心他们以后给我养个孙子,送到上海来让我们带。万一晚上断电全是黑的,找不到孙子,那不急死我们!"

女儿连忙说:"那没关系,断电的时候你就叫孙子赶快张开嘴巴,那不就找到了!"

父女俩一唱一和,父亲胸襟开阔、性格幽默,女儿更是风趣十足,为久别重逢增添了无穷乐趣。

父母是孩子人生路上的标杆,父母的言行操守、道德修养,直接影响到孩子的方方面面。

言传不如身教,父母的所作所为,可能远胜过所有教育。家庭环境对一个孩子的成长太重要了,每个成人身上或多或少都会带着原生家庭的影子。所以,父母要注重家庭教育,努力为孩子创造一个平等民主、温暖和谐的成长环境,让孩子在其中创造自己的无限可能。

3

怎样创造和谐的家庭气氛呢?

(1)父母要克服自己的负面情绪,尽量不要把在外面遇到的烦恼带回家。

父母的喜怒哀乐直接影响孩子的心情,要学会及时调整自己的情绪。在孩子面前,父母要保持乐观开朗、平和的心境,千万不要把愤怒暴躁、怨恨等消极情绪传染给孩子。

(2)父母要懂得运用幽默这道调味剂。

幽默可以化解当下的忧愁,更是大智慧的呈现。家里可以放一些有趣、好玩的书,全家聚在一起看看笑话或段子,学会为平庸、乏味、无聊的生活增添乐趣。

俗话说:"笑一笑,十年少。"每个人都可以享受幽默带来的欢乐,让孩子生活在一片欢乐中,孩子的性格也会越来越乐观开朗。

(3)父母要给孩子创造自由的家庭环境。

自由的环境对孩子的成长很重要。自由意味着孩子可以做自己想做的任何事,他可以不受任何拘束地专注于一件事,可以全身心地投入其中,不受到任何打扰,直至把一件事做到他满意的程度为止。

需要注意的是,父母要打消对子女"望子成龙、望女成凤"的过高期望,相较于优秀而言,孩子的健康快乐更为重要。孩子长久活在父母的种种期望之中,可能会形成极端的性格,比如完美主义、悲观消极,这对孩子的成长极为不利。所以,父母不如放手,让孩子在没有压力的情况下自由成长。

(4)父母不要过多地干涉孩子的决定,对孩子的决定给予信任和鼓励。

最好的亲子关系是父母尊重孩子的独立人格,给予孩子足够的自由,让孩子感受到父母的理解和尊重。过多地干涉和训斥孩子,只会让孩子产生反抗情绪,加深彼此之间的隔阂。

总而言之,我希望大家都拥有一个温馨和睦、幸福美满的家庭,希望父母和孩子可以相互理解、相互尊重,一直相亲相爱下去。